腹肌訓練

Abdos : musculation et gainage

解剖聖經

解析腹部肌群感受肌肉徵召
增進運動表現練出健美腰身

編排完美腹肌訓練計畫
的 20 個步驟

100$^+$居家與健身房
多樣化腹肌運動

20$^+$運動專項的
循環訓練課表

本書從解剖學的角度, 以人體解剖圖與真人教練做指導。

腹外斜肌與腹內斜肌的走向不同, 阻力來源的位置亦有影響。

神經系統不易徵召到的下腹肌, 本書提供專屬動作做訓練。

睡前做腹肌訓練或減壓動作, 可以解除早上起床的下背痛。

Frédéric Delavier
Michael Gundill 著　　林晉利 教授 譯

旗標

facebook：優質運動健身書

作　　者／Frédéric Delavier、Michael Gundill
插　　畫／Frédéric Delavier
模 特 兒／David Kimmerle
翻譯著作人／旗標科技股份有限公司
發 行 所／旗標科技股份有限公司
　　　　　台北市杭州南路一段15-1號19樓
電　　話／(02)2396-3257(代表號)
傳　　真／(02)2321-2545
劃撥帳號／1332727-9
帳　　戶／旗標科技股份有限公司
監　　督／楊中雄
執行企劃・編輯／孫立德
美術編輯／薛榮貴・薛詩盈
封面設計／古鴻杰
校　　對／孫立德

新台幣售價：420 元
西元 2022 年 4 月初版 4 刷
行政院新聞局核准登記-局版台業字第 4512 號
ISBN　978-986-312-467-2

Originally published in French by Éditions Vigot, Paris,
France under the title: Abdos : musculation et gainage
1st edition © Vigot 2012.

國家圖書館出版品預行編目資料

腹肌訓練解剖聖經　/ Frédéric Delavier, Michael Gundill 作；
林晉利譯. -- 臺北市：
旗標，2017 . 09　面；公分

ISBN 978-986-312-467-2 (軟精裝)

1. 運動訓練　2. 體能訓練　3. 肌肉

528.923　　　　　　　　　　　　　106012586

作者簡介

Frédéric Delavier

他所撰寫的健美書籍已被翻譯超過 25 種語言，在全世界共售出超過兩百萬本，是健身書銷售第一名的作者，同時也是一位卓越的人體解剖學藝術家。目前他的工作是法國 Le Monde du Muscle 雜誌的記者，並為許多刊物撰寫文章。

他在 1998 年贏得法國健力冠軍，而且持續發表有關生物力學應用的著作。同時因為他的努力研究貢獻，而得到過法國體育作家協會頒發的年度大獎。

Michael Gundill

他熱衷於健身領域已超過 25 年，並於醫藥方面的知識也有相當的研究。

他為全世界的健美與體適能雜誌撰寫超過 500 篇文章，包括 Iron Man, Dirty Dieting 與 Mind & Muscle 等雜誌。另外也出版過 13 本肌力訓練、運動營養與健康方面的書籍，並已翻譯為多種語言發行。

譯者資歷

林晉利

長庚大學物理治療學系復健科學研究所博士

體育大學運動保健學系/研究所專任副教授

柔道黑帶四段, 學生時期多次獲得柔道及角力全國冠軍

台灣拳擊武術有氧體適能協會理事長

台灣運動保健協會理事長

台灣合格運動傷害防護師檢定官

美國運動醫學會體適能教練檢定官

美國肌力與體能訓練協會 CSCS 及 CPT 大中華區培訓講師

目錄

第 4 篇
進階訓練與技巧

第 5 篇
配合機台、輔助器材的運動

第 6 篇
腹肌訓練課表

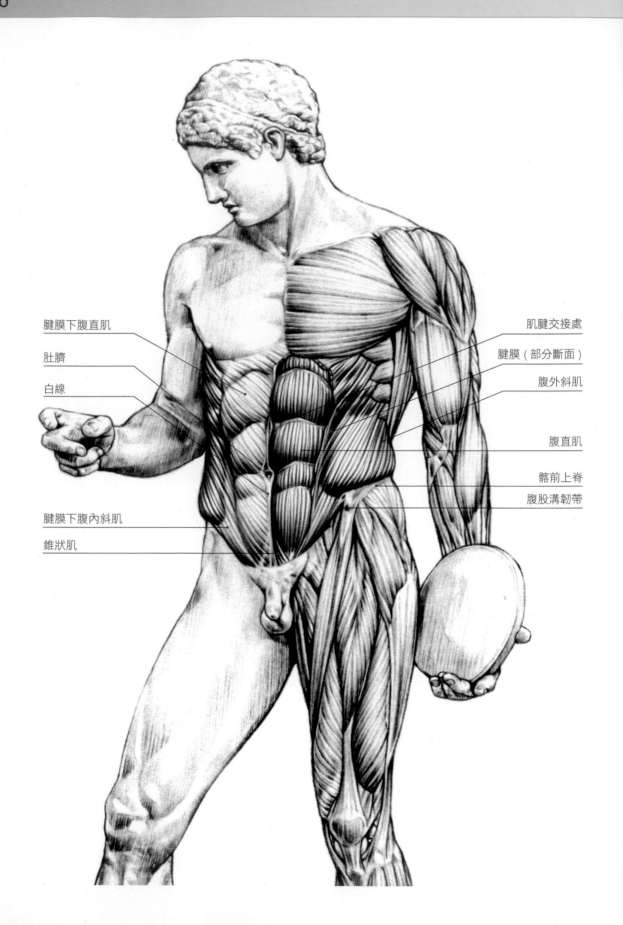

腱膜下腹直肌

肚臍

白線

腱膜下腹內斜肌

錐狀肌

肌腱交接處

腱膜（部分斷面）

腹外斜肌

腹直肌

髂前上脊

腹股溝韌帶

前言

一般人對腹部肌群的第一印象，通常是外觀結實、線條清晰、沒有過多脂肪的腹肌。

然而，這些肌肉的主要功用並不是為了好看：腹肌和核心肌群對健康與動作功能性表現扮演著關鍵的角色，所以擁有「六塊肌」並不是訓練這些肌肉的主要目的。除了外觀之外，還有以下六個理由讓你得好好訓練核心與腹肌：

1　**增進運動表現。**當你需要快速跑動或扭轉軀幹時，腹肌扮演相當重要的一環，比方說對高爾夫球與網球都很有幫助。

2　**保護脊椎。**強壯的腹肌可以提供有力的保護，相反的，在腹肌無力的狀況下運動，會使椎間盤處於相對危險的位置，長期下來會導致腰椎退化。

3　**放鬆緊繃肌肉。**一般而言，腰部肌群容易在夜晚變得緊繃，這會使你在醒來時感覺疲憊甚至背痛，如果你發現在早上有下背痛的現象，很可能就是肌肉太緊繃。因此睡前做幾分鐘腹肌運動，可以幫助睡眠時放鬆背部肌肉，釋放白天所累積的壓力。

4　**幫助腸胃健康。**腹部肌群的訓練可以促進消化，預防脹氣與便祕。

5　**減少罹患第二型糖尿病機率。**腹肌訓練可以避免隨年紀增長而在腹部堆積過多的脂肪。

6　**維持心血管健康。**以循環訓練的模式去進行腹肌訓練，可以達到與跑步相似的效果，卻可以避免掉對膝蓋與脊椎的傷害。

第 1 篇
編排完美腹肌訓練
計畫的 20 個步驟

編排腹肌訓練計畫需要許多基本原則，此處會分成 20 個步驟一一解說。這些方法是編排個人化訓練的關鍵，依序瞭解這 20 個步驟，可幫助你解決在編排訓練計畫時會遇到的問題。

1 設定明確目標

編排訓練課表最重要的第一步是提高目標的專一性。你是否是因為下列這些原因開始鍛鍊核心？

- 想要六塊肌
- 保持心血管與身體健康
- 想要瘦腰
- 增進運動表現

通常你的目標可能會同時包含上述幾個原因，但如果不能夠把目標明確列出來，對之後的課表編排會造成許多困難。你可以試著在每次訓練前先列出明確的訓練目標，一個可量化的目標，例如：

- 3 個月內看到明顯腹肌
- 2 個月內減少 2 吋腰圍
- 15 天內提高 10 分鐘訓練組數達兩倍之多

訓練的時間與進步幅度一定會有現實層面的考量，記住沒有人可以隨心所欲的進步，實際上的訓練會遇到撞牆期，但只要有合理的課表編排，所有的撞牆期都不會是永久的。

透過量化的目標，可以更方便知道每一次進步的幅度，而每次進步都將成為持續訓練的動機，在本書的第 6 篇提供了許多基本編排的範本，可以提供擬訂個人化課表的參考。

2 每周該進行幾組訓練？

回答這個問題的關鍵就在於自己的課表編排，雖然你未必能在一開始就擁有最適當的課表，只要記住即使每周訓練一次，也會比完全不訓練要有效。

要想有顯著的進步，當然我們建議每周至少兩次到三次的訓練最為理想。

而除了專業運動員之外，並不適合將訓練量拉到一周五次以上。切記！過度訓練帶來的負面影響遠大於訓練不足。

進階順序

理想情形下，你可以以每周兩次的方式開始訓練，直到覺得體能進步後，可以改為每周三次。切記在剛開始訓練時不要超過每周三次的頻率，直到訓練三個月之後，再嘗試每周四次的訓練。

⚠️ 剛開始訓練時，常常會覺得精力充沛可以進行多於課表排定的訓練量，但這種情形很容易會造成過度訓練，而過度訓練往往不會在當下被發現，因此必須確實遵行課表進度來達到穩定安全的進步。

3　每周安排哪幾天訓練？

建議每兩次訓練日之間一定要交錯安排休息日，如果你的日常工作時間無法完全配合安排，就只能盡量選擇折衷的方式。參考以下幾種編排方式：

- **每周只訓練一次**：選擇你喜歡的任何一天皆可。

- **每周訓練兩次**：最理想的狀況是盡可能把做腹肌相關訓練的時間獨立出來，比方說安排在周一、四或者是周二、五，但不管哪種方式都盡量至少預留一天的休息日在兩個訓練日之間。連續訓練兩天不是很好的方式，但如果你只有周六、日能運動，那也只好如此。

- **每周訓練三天**：最理想的方式是以每兩個訓練日之間穿插休息日為佳，比方說你可以在周一、三、五進行核心訓練，而周末的時間可以自由運用。

⚠️ 核心肌群的訓練次數取決於你有多少時間休息，要記住肌肉的生長是發生在休息的時間，而不是在訓練的當下，所以休息和訓練一樣重要。

如果在訓練過程中發現進步緩慢，就要試著給肌肉更多的恢復時間。

當然如果一定得連續訓練兩天，比方說周六與周日，那麼第三個訓練日可安排在周三。最糟的是連續三天訓練，你的日常作息有那麼難調整嗎？

- **每周訓練四次**：這種訓練方式會讓休息時間更少，也會有連續兩天的訓練日，但如果你的時間安排很有彈性，可以將四個訓練日錯開到八天的周期中，不受一周七天的限制。如此你的訓練周期就不是以一周為單位了。

4　一天可以訓練超過一次嗎？

通常只有菁英運動員有每天運動超過一次的需求，因為他們是以競賽為目的，而一般人的訓練沒有必要一天超過一次或者每天訓練。

如果每周真的只能擠出一天用在訓練上，可以考慮把訓練分成上午與下午兩個階段，但這必須等到你經過數周的訓練開始適應後再執行，而且對一般人來說仍然不是理想的方式。

有一種例外的情況，當你的目標是瘦身時，可以一天訓練兩次來提高能量消耗，尤其是採用循環式訓練來做腹肌運動，對脂肪燃燒更有幫助。然而你必須注意，這樣有可能會造成過度疲勞，就必須減少訓練的頻率。

5　該在一天的甚麼時候進行訓練？

每個人有自己喜歡的訓練時間，肌力也會在不同的時候有不同的變化，這種變化是由於中樞神經系統所導致。

很少有運動員可以整天維持相同穩定的肌力，最好的方式當然是在一天最有力的時候做訓練，一般運動員大約是在下午 6 ～ 7 點的時候體力最強，而這個時間也剛好是多數人可以運動的時候。

⚠️ 你的訓練可能會受限於是否有空的時間，而不是身體最強壯的時間，但要記得盡量在同一個時段去運動，讓身體適應在這段時間訓練，如此你的身體就會在那段時間有更好的表現。

6 每次該做多少組訓練？

組數 (set) 的定義：一組是由相同動作多次反覆到疲勞所組成。

每次訓練的訓練量，可以由以下兩個條件構成：

- 每項動作的組數。
- 每次訓練所執行的動作種類。

訓練組數是肌肉發展的關鍵：

- 訓練組數過少，肌肉得不到適當刺激。
- 訓練組數過多，會導致過度訓練，降低肌肉恢復速度。

體能程度也會影響訓練組數：

初學者，每個動作不超過 5 組。

訓練 1 個月，每個動作做 6 到 7 組。

訓練 2 個月，每個動作做 8 到 9 組。

訓練 3 個月，每個動作做 10 組。

訓練 3 個月之後，你可以依據肌肉恢復速度與運動能力來決定組數，但不要多於 25 組。

注意：訓練前可以做至少一組輕負荷的暖身，這組訓練可以採用較少的反覆次數，但不計入課表安排的總組數之內。

⚠️ 不要靠累積多次輕鬆的組數來達到目標訓練量，應該盡量提高強度，以低組數的方式來完成。

如果你發現肌肉在完成訓練組數後不怎麼吃力，那就有必要提高每一組的強度來增加刺激，盡量讓每一組訓練都接近自己的生理極限。

7 保持彈性與適應力

訓練組數是安排課表首要的變數，對初學者的訓練來說，你可以試著改變組數來變化訓練量，當體能進階到下一個程度，再開始增加不同的訓練動作。

最好的方式是讓肌肉告訴你該做多少組，當比起上一組動作明顯感覺無力時，表示課表安排的組數可能過多，可以在下次訓練時做調整。

當然，每次訓練能做的組數會受到當天的身體狀況影響，狀況好的時候可以比課表多做一兩組，狀況不好的時候就適時減量，避免過度訓練。

最後，你必須記錄每次所做的訓練量，因為如果增加了訓練強度、負荷或組數，就可能需要更多的時間去恢復，這也就是為甚麼一次狀況好的訓練，往往會讓下次的訓練狀況變差，原因大多是恢復時間不足。

單組數與多組數的爭議

關於訓練的組數一直有許多不同說法，有人認為每項動作只要執行單組高強度的訓練就足夠，這樣的說法對運動員是適用的，某些菁英運動員有足夠神經系統的適應能力，去完成單次高強度組數，這樣的強度只適合執行一組，執行第二組反而適得其反。

但大多數人並沒有足夠的神經適應能力去執行單組數訓練。研究指出，即使在運動員中也只有 30% 的人適合單組數訓練，70% 的運動員還是適合多組數訓練。

多組數訓練適合大多數人，可以漸漸把肌肉訓練推向極限，執行單組數訓練反而會使他們的肌肉表現不佳。多組數訓練讓多數人可以在組間留有餘力執行下一組，可以幫助他們以漸進方式完成每次訓練目標。

多組數訓練也相對適合運用在腹肌及核心肌群，單組數訓練對於消除體脂的效果就不如多組數訓練顯著。

8　每個肌群該安排多少種訓練動作？

每次的訓練有以下兩種選擇：

1. 只做一種腹肌訓練動作。

2. 作 2 或 3 種不同的訓練動作。

只要瞭解這兩種訓練方式的優缺點，就可以做出選擇。當然你的體能程度也是決定因素之一。

單一訓練動作：適合初學者的方式

剛開始接受訓練時，使用單一訓練動作的方式最為適合（如何選擇最適合你的訓練動作，在本書後面會敘述）。隨著身體變得更加強壯，再增加其他動作來提高訓練強度，越來越壯之後就再加入更多的動作。

單一訓練動作的優點

通常一般人在開始訓練之後，會比較樂於做單一課表以及自己喜歡的訓練動作，這樣的優點是在重覆同樣訓練動作時，增加對動作的熟練度。

事實上，腹部與核心肌群在換新的訓練動作時並不會有最好的表現，新動作會需要一個訓練初期的適應，即動作學習的過程，所以動作會隨著每次訓練表現進步。嘗試新動作時，可以由低於自身能力的強度開始進入。

對一個不適應肌力訓練動作的初學者來說，很難在每次訓練準確達到自己的極限。通常最容易做到的方式，比方説上次作了 10 下腹部捲曲動作，下次就可以進階到作 11 下，當然要以最標準的動作完成才算數。

如果頻繁地更換訓練動作，肌肉將沒有足夠的時間去適應動作，也就無法完全發揮到最好的進步效果。你花在學習新動作的時間，很可能跟精熟舊動作得到進步的時間相同。

單一訓練動作的缺點

有些運動員的需求是在有限的時間內，盡可能增加動作的種類，對這些人來說，只做單一動作就容易感到無聊。運動本身最重要的是動機與熱忱，所以訓練本身也要有一定的樂趣，所以也應考量到心理因素。

選擇變化性：進階方式

如果在做相同訓練動作 3 到 5 組之後，開始感到無力和無聊時，你可以選擇：

1. 更換訓練動作

2. 結束這次的訓練

如果你更換下一個訓練動作後，感覺熱忱與肌力又回來了，那麼多種訓練動作就是適合你的訓練方式。萬一在做下一個動作後，明顯感覺更加乏力，那我們建議乾脆結束這次的訓練，在這種情況下，你應該比較適合單一訓練動作。

9　什麼時候該換動作？

隨著肌肉的成長，你必須不斷調整訓練計畫，初學者可以輕易透過每周相同的訓練課表達到進步，也就是說如果訓練結果理想，就可以繼續保持，若太過頻繁的更改課表，反而會影響你的動作學習，讓強度沒辦法提高。

然而如果開始發現進步不如預期，這時候就可以試著調整課表，通常最有效的方式就是改變訓練動作。

過度訓練：有關神經系統

你可能有這樣的經驗：在從事相同的訓練動作，有時候狀態很好，有時候卻感到無力。會導致這種結果的原因主要是，當每次重複相同的動作時，都是在反覆建立神經與肌肉的連結，當達到一定數量的反覆次數時，就會開始覺得疲憊，也就是過度訓練，這個連結開始失效，就會對這個動作失去感覺。

10　每 1 組動作該反覆做多少次？

定義：反覆次數指的是該動作在每一組中所執行的總數，通常有下列三種方式：

1. 向心方式：用腹肌力量舉起你的軀幹、雙腳或一個重物負荷。

2. 等長方式：保持肌肉在收縮狀態下維持數秒鐘。

3. 離心方式：用腹部的力量緩慢放下負荷。

一般人對於每組該做幾次反覆次數產生疑問是很正常的事，但要達到良好的訓練成果並沒有特定的答案。

與其考慮反覆次數的多寡，更重要的應該是注重肌肉收縮的強度，有了足夠的動作品質，再透過調整反覆次數達到進步的目標。

目標：加強腹肌力量

一般而言，每組做 12 到 15 下可以加強腹肌力量，但如果已經可以輕鬆做到超過 16 下，那下次訓練時就可以提高負荷。

注意：腹肌訓練通常每組不會少於 8 下。

目標：減少腰圍尺寸

如果是為了雕塑體態，就必須提高每組的反覆次數到 20 至 50 下。

目標：提高心肺適能

如果是為了提高耐力與心肺適能，可以執行至少 50 下的循環訓練，甚至可以做超過 100 下。

你的課表可以同時包含多種反覆次數組合，比方說要同時擁有六塊肌與減少腰圍尺寸，可以先做 3 組 12 下再搭配 3 組 50 下的訓練方式。

或者採用另一種方式，你可以設定每次訓練不同的目標，這一次先以增加肌力為主，每組反覆次數少於 15 下；下一次以減少腰圍尺寸為主，每組反覆次數介於 50 到 100 下。

這樣的訓練方式，必須在兩個訓練日之間加長休息天數以幫助恢復。

目標：增進運動表現

每組反覆次數必須符合你的運動需求。如果你的運動項目需要短時間的爆發力、衝刺、投擲跳躍，就採用強化腹肌力量的訓練方式。

當運動項目是屬於耐力類型或介於耐力與爆發力之間的，可以採用增加心肺適能的訓練方式。

你也可以透過肌力與心肺適能的綜合訓練方式，來提高訓練的專項性，比方説在足球與橄欖球的團隊運動中，同時包含心肺與肌力的需求，就可以採用肌力與心肺訓練方式交替進行，來提升運動表現。

金字塔訓練法

用金字塔的方式安排訓練課表，可以用輕負荷與高反覆次數的方式（比方説 25 下），讓全身的肌肉暖身，同時也讓心肺功能達到暖身的效果。

下一組提高負荷到可以輕鬆做完 15 下。完成這兩組暖身動作，可以幫助你將身體狀態準備妥當。

接下來正式進入主要訓練，用每一組 12 下的方式開始，注意訓練過程中，如果可以超過目標次數，就盡量做，這樣可以確實提高對肌肉的刺激，讓進步更快。

接下來隨著每一組逐漸增加負荷，盡量挑戰自己的極限，讓更多的血液流進肌肉，訓練結束在最重的負荷。

當然你也可以相反過來用倒金字塔方式，由大重量開始訓練，以輕重量做為結束。

11 每個反覆次數的速度

在步驟 10 提到反覆次數有三種方式，不管哪一種方式，都要以學習控制自己的肌肉為重點，因此我們建議應從相對較慢的速度開始。

初學者最不應該出現的情況，就是利用哈腰拱背加上擺動肢體的偷吃步（即所謂的借力），來加快舉起重量的速度與次數，這樣養成的壞習慣會影響日後的訓練，拖累進步幅度，甚至造成運動傷害。

當感覺動作快走樣了，記得先把反覆的速度放慢再做調整。

目標：加強腹肌力量

要擁有強壯的腹肌，就必須確實運用肌肉來提起負荷，速度也不能太快：

1. 運用肌肉以 2 到 3 秒的時間提起軀幹、雙腿或負重；
2. 保持肌肉收縮的狀態至少 2 秒鐘；
3. 再以 2 秒的時間下放。

如此一來，一個反覆動作會花 6 到 7 秒的時間，如果你發現可以做得更快，那是因為利用了動作的慣性，而不是完全依靠肌肉的力量。

如果開始感到疲勞，可以在反覆次數之間的延展位置，暫時休息 1 到 2 秒，讓肌肉重獲力量，可以多做幾次反覆。

18 學習如何選擇適合的動作

本書仔細篩選出適合大多數人做的腹肌運動，但還是會有個別之間的差異，比方說身高的顯著不同，以及腿長與軀幹的比例都會有很大的區別。

每一種身體條件，都需要選擇出適合的訓練動作，不太可能有哪個動作適合全部的人。以下有兩種方法可以找出適合自己的運動：

● **消去法**

有些訓練動作不適合你的生理解剖構造，首先就應該先消去這些動作。有些動作則不符合你的訓練目標。排除這兩類不適合的動作，就比較好選擇了。然而，單純依賴消去法是不夠的，最好要能發掘適合自己能力的動作。

● **選擇法**

要判斷什麼動作適合自己，最直接的方法就是去試試看，你會發現有些動作馬上就能上手，但多數動作會覺得不易執行，那是因為肌肉還沒有習慣特定動作的收縮模式。

經過一段時間的訓練，就可以掌握與感受到腹肌的收縮了。

了解不同動作間的差異，會幫助你更容易做選擇。你必須善用動作的差異性來當作訓練的助力，藉由動作的優點來符合目標，同時避免動作的缺點以減少受傷。

因此，我們會在本書的第 3、4、5 篇，仔細說明每項動作的優缺點，幫助你建立動作選擇的邏輯。

保持持續進步的狀態

一旦你有能力選擇動作時，就不要墨守成規執著於既有的動作。經過一段時間的嘗試，你會看出有些之前不太喜歡的動作，它的優點對自己其實很有幫助，進而將其納入自己的訓練中。

也許你會覺得，早知道練這個動作這麼有感覺就好了。不過，肌肉的感覺會隨著訓練而改變，以前不喜歡的動作，現在卻喜歡，很可能是因為肌肉狀態剛好到了那個階段，有了新的感受。

相反的情形也可能發生，你會對某些原本很喜歡的動作開始覺得效果變差，這個徵兆表示應該將它移出訓練計畫，是時候更換動作了。

經過幾個星期訓練之後，可以再回頭嘗試之前做過的動作，也許又會有新的感受。

你必須不斷保持肌肉對動作的適應能力，而不用太執著於這些改變，就試著調整訓練計畫吧。

19　調整訓練計畫的時間

有些人喜歡長期進行相同的訓練，這很好理解，既然有效又何必更換。但也有些人比較喜歡藉由經常性的調整計畫，以刺激肌肉取得進步。

我們沒辦法預知你是屬於這兩類的哪一種，但大多數的人都是介於中間。通常個性也會影響決定，以下兩個條件可以幫助你，客觀的決定何時該改變訓練計畫：

- **撞牆期或肌力退步**

  當你的進步幅度停止，就可能表示這個訓練計畫的效果減低。這不是指一次或兩次的訓練，而是至少有一周的撞牆期，這時候你就應該適時調整訓練計畫。

- **倦怠感**

  當你開始對訓練感到無聊時，就表示運動可能過於單調，是時候該嘗試新的變化。

會感到無聊通常有以下兩種原因，必須辨別出來，以調整訓練計畫：

1. 感到非常無聊或者是完全對訓練失去熱情，這種情況通常代表過度訓練，可以試著休息，或者是減少訓練量，當然最好的方式是重新建構訓練計畫。

2. 對動作失去興趣，這個徵兆代表過度使用特定動作的神經肌肉連結，這時候可以更換動作，但不一定要改變訓練計畫。

結論

沒有特定的原則規定你要多久調整一次訓練計畫，如果原本計畫可以帶來足夠的進步，就不需要改變。但實際的情況是，肌肉會告訴你何時該改變訓練計畫，可能是肌力退步等徵兆，有經驗的訓練者能夠快速的察覺徵兆，並且做出調整。

20　休息是為了走更長遠的路

如果你期望持續保持進步，全年無休的訓練絕對不是好的策略，你應該給自己放幾個星期不做訓練的長假，讓身心、肌肉、關節有足夠的時間恢復。

想要跳得越高，就需要蹲得越低，良好的休息可以幫助你在下一次的訓練，有機會突破自己。

在安排休息時間上，通常有以下三個限制因素：

- 休息的時候，肌力與耐力可能會退步，但一旦重新開始訓練，就可以很快恢復。然而，休息時間越長，就需要越多的時間來恢復到之前的水準。

- 有時候幾個星期的休息，可能因為變得懶散而演變成幾個月的休息。對某些缺乏嚴格紀律與毅力的人來說，最好不要長時間中斷訓練。

- 中斷訓練會影響對卡路里的需求，也會影響新陳代謝的能量消耗，也就是當停止訓練時，也必須減少飲食，否則會變胖。

了解肌力訓練的可逆性

中樞神經系統是對運動最先反應的部分，也是在休息的時候，影響肌力退化的原因之一。

值得慶幸的是，在你休息的時候，肌力退化主要來自於神經肌肉的連結，而不是肌肉量的流失，所以不用過於擔心，神經肌肉連結會在你重新開始訓練後很快恢復。

● 維護自己的訓練日誌

養成寫訓練日誌的習慣很重要,它可以幫助你馬上檢視上次所做的訓練。記錄中包括每次訓練所花的時間,同時包含動作組數及反覆次數,以及組間休息時間,這樣才可以確保每次訓練是否有所進步。

你的訓練日誌必須盡可能詳細,也要很容易記錄,可參考右邊的例子:

啞鈴放在胸口做腹部捲曲動作
- 5 磅,20 下
- 10 磅,17 下
- 15 磅,13 下
- 20 磅,8 下
時間:5 分鐘

透過訓練日誌,你可以清楚查閱做了什麼運動(此例是腹部捲曲)、使用的負荷、反覆次數、組數,以及完成此動作總共花了多少時間。

每次訓練的動作都要做記錄,這樣才能確實幫助你設定下次訓練的目標。

分析你的訓練計畫

每次訓練完,你可以透過這些問題來檢視訓練成果:

- 哪些有效?
- 哪些沒效?
- 為什麼沒效?
- 下次有什麼改進的地方?

以上面的腹部捲曲日誌為例,你會發現幾個改進之處:

- 下次訓練的第一組應該提高負荷,因為反覆次數 20 下,表示用的負荷過輕。
- 第二組與第三組的負荷也需要增加。
- 在第三組的訓練,看起來肌肉有點過度疲勞,因為從 5 磅增加到 10 磅,反覆次數只減少 3 次,但從 10 磅增加到 15 磅,反覆次數卻掉了 4 下,必須去克服這個疲勞。

- 最後一組訓練，肌力的下降更為明顯，同樣是增加 5 磅的負荷，反覆次數卻掉了 5 下。

這時候你就必須在增加負荷的情況下，調整每組的反覆次數，以穩定每組下降的次數。因此，經過調整會像下面這樣：

> 啞鈴放在胸口做腹部捲曲動作
> — 10 磅，18 下
> — 15 磅，15 下
> — 17.5 磅，12 下
> — 20 磅，10 下
> 時間：5 分鐘

如此下一次的訓練，就以相同的負荷盡可能增加反覆次數，可以達到 20 下的時候就再增加負荷。

如何總結你的分析

把訓練當作是一個長期持續的過程，可以幫助你調整訓練計畫。如果訓練強度穩定增加，那是好事；如果進步幅度開始變慢，有以下選擇可以改善：

- 更換訓練動作。
- 增加兩次訓練間的休息時間。

如果發覺肌力持續下滑，就必須同時降低重量並增加休息的時間。

結論

詳細記錄的訓練日誌，可以反映出訓練成果，不要只依靠記憶力，也許你可以記住上次做的重量，但不可能記住一個月前的數字。

更何況你可能在訓練期間曾經改變過動作，一兩個月後將移出訓練計畫的動作又重新納入計畫時，你能記住上次採用此動作時的數字嗎？

對一個認真訓練的健身者來說，訓練日誌就是最好的管控工具，可以幫忙擬定未來的訓練計畫。

進步的開始

腹肌在經過訓練之後，最直接的反應是變得僵硬。這是肌肉纖維受到創傷後的徵兆，之後出現的疼痛程度，會依身體適能而有所差異。適度的輕負荷運動，可以加快恢復的速度。

在僵硬的肌肉恢復後，耐力與肌力也會隨之進步，神經系統也會跟著適應，讓你的肌肉用更有效的方式去作功，不同肌群間也會更加協調。

力量通常會比肌肉增加得更快，最後兩者會達到一個平衡，但通常需要經過一段時間才會看到與之前的明顯差異。只要你開始規律的訓練肌肉，自然就會有反應，但這個反應會有個體的差異。

為了更容易看到自己的轉變，可以每個月至少拍一張照片並測量腰圍。如果同時搭配飲食控制，肌肉的線條就會更加明顯。

第 2 篇
讓腹肌更加明顯

如果腹部被一層厚厚的脂肪掩蓋住，即使練得再好也看不出來。

我們在強化腹部的肌力之外，更需要讓腹肌的外觀顯著。

為了達成這個目的，可以從運動、飲食和營養補充等三方面著手。

訓練腹肌來縮小腰圍

如果做腹肌訓練沒有搭配飲食控制，那就很難達到這個目標。

尤其對體重超重的人來說，體脂率超過 15%，就很難看到 6 塊肌。

一般女性的體脂不宜太低以免影響健康，建議保持在 16～18%，加上勤做腹肌運動，也可以讓腹肌明顯：

1. 腹部肌群若未經訓練，會相當平坦而沒有肌肥大的效果，只要一層薄薄的脂肪就可以將平坦的腹肌完全掩蓋。

2. 經過訓練的腹肌會產生肌肥大效果，即使被些許的脂肪蓋住，也還是會呈現明顯的塊狀腹肌。

3. Stallknech 等人 2007 年所做的研究 (American Journal of Physiology - Endocrinology and Metabolism 292(2): E394-9) 指出，肌肉收縮的能量有一部份會取用自覆蓋住它的脂肪。

4. Lee 等人於 2005 年的研究 (Journal of Applied Physiology 99:1220-5)，即使沒有搭配嚴格的飲食控制與減重，只要透過規律的訓練，仍然可以幫助消除腰部的脂肪。

5. 身體通常會將脂肪儲存在最少運動的部位，所以規律的做腹肌訓練，可以減少身體將脂肪堆積在腰部的機會。

結論

規律的腹部核心訓練有兩個好處：幫助消除脂肪，並讓腹肌變得更明顯。

最重要的是訓練強度

Irving 等人 2008 年所做的一些醫學研究 (Medicine and Science in Sports and Exercise 40(11):1863-72) 指出，即使消耗相同的卡路里，訓練的強度不同，對局部脂肪的消除會有很大的差異。

一個針對過重女性所做的 16 週訓練發現，高強度訓練與低強度訓練組，同樣都有飲食控制也消耗相同的熱量 (400 大卡)，在脂肪的消除上面，高強度訓練組比低強度訓練組多消耗了兩倍的脂肪 (6 磅比 3 磅)。

高強度訓練組減少腹部體脂 8.5%，而低強度訓練組則沒有顯著差異，主要的原因是來自於身體的基礎代謝，即使沒有運動，身體還是會消耗基本的能量，而高強度訓練才有提供額外能量消耗的幫助，消除腰部的贅肉。

飲食控制對減少腰圍尺寸的幫助

食物攝取對消除腹部脂肪扮演重要的角色，但若只靠降低吃進的熱量，也無法保證讓腹肌明顯，反而許多單靠節食的人，在腹部堆積了更多的脂肪。

You 等人在 2005 年所做的醫學研究 (American Journal of Physiology-Endocrinology and Metabolism 288: E741-7)，很明確的指出這個現象，女性在經過 5 個月的低卡飲食，反而讓他們增加了 5% 的腹部脂肪。

這個矛盾現象很容易解釋，當人體在減少能量攝取時，會開始增加脂肪細胞的消耗，但這個消耗最多只有三分之一，其他三分之二的部分則會再儲存於身體最少活動的部位，也就是血液循環最不容易達到的地方。

這樣的生理現象，說明為什麼脂肪通常都囤積在腹部與臀部，而比較少囤積在四肢，因為四肢的活動量較多，血液流動也較充足。但若連四肢都出現過多的脂肪，顯然已到了過度肥胖的程度。

飲食與訓練的搭配

在 You 等人 2005 年的研究中發現，單純低卡飲食會讓腹部脂肪累積，但如果相同的飲食搭配腹部訓練，則可以幫助減少約 10% 的腹部脂肪。

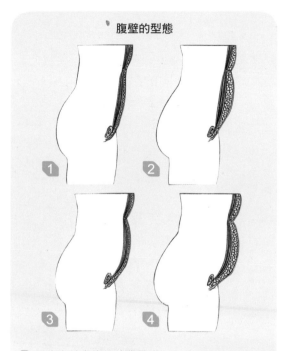

腹壁的型態

1. 正常有結實腹肌的腹壁。
2. 正常有結實腹肌的腹壁，但外層覆蓋著厚厚的脂肪，從外觀看以為腹腔下垂 *。
3. 雖然腹壁外沒什麼脂肪，但因為腹肌無力支撐，使得腹腔下垂。
4. 缺少腹肌支撐，且外層又覆蓋著厚厚的脂肪，使得腹腔下垂更明顯。

* 通常腹腔下垂主要來自於缺乏有力的結構支撐，腹肌無力就會導致骨盆前傾，無法維持下背中立，腹部就會下垂，內臟位置跟著下降。

皮下脂肪與內臟脂肪

一般來説，如果沒有特別訓練的腹部外側，都會覆蓋著一層皮下脂肪，但這層皮下脂肪並沒有想像中的那麼多，頂多只有 1 英吋厚，除非是過度肥胖，否則最多也很少會超過 5 英吋厚。

看起來特別肥胖的腹部，除了皮下脂肪之外，通常也包含了很高的內臟脂肪，這些內臟脂肪會將腹腔撐得更大，並將腹壁向外推出更多。

飲食控制的技巧

低醣飲食對減少腰圍尺寸是最為有效的方法。一般來説，攝取糖份、酒精都很容易累積腹部脂肪。所以，最需要控制的就是麵包、麵食、米飯、糖果、蛋糕的攝取量。

另外需要特別注意氣泡飲料，因為氣泡飲料通常會包含糖與咖啡因，咖啡因會促進糖的吸收，影響健康與體態。

相反地，去咖啡因的咖啡含有較多的綠原酸，幫助身體減少吸收碳水化合物，可於用餐後飲用。

增補劑的用處

BCAA 和鈣片等增補劑，也可以幫助消除腰部過多的脂肪。

用 BCAAs 幫助降低腹部脂肪

什麼是 BCAAs

BCAAs（支鏈胺基酸，Branched-Chain Amino Acids）主要是由 3 種胺基酸組成：亮氨酸（或稱白氨酸）、異亮氨酸（或稱異白氨酸）、纈氨酸。

這些胺基酸是構成肌肉三分之一的成份，但身體並沒有辦法自行合成，只能透過飲食和增補劑來幫助。

BCAAs 的功效

* 促進肌肉合成。
* 減少脂肪堆積。
* 刺激身體分泌生長激素、抗脂肪激素。
* 幫助合成瘦體素，減少飢餓的感覺。
* 減少因運動與節食產生生理與心理上的疲勞。

實驗結果

以下是運動員配合飲食控制（1800 卡／天），攝取蛋白質與 BCAAs，3 週後的結果：

- 低蛋白飲食（占總熱量攝取 15%）配上低 BCAAs 攝取，共減重 1.9kg。
- 高蛋白飲食（占總熱量攝取 25%）加上低 BCAAs（每天 9g），共減重 2.4kg。
- 一般蛋白質飲食（占總熱量攝取 20%）加上高 BCAAs（每天 35g），共減重 4kg。

單獨看腹部脂肪的結果：

- 低蛋白飲食配低 BCAAs 攝取，減少 18%。
- 高蛋白飲食配低 BCAAs 攝取，減少 21%。
- 平均蛋白飲食配高 BCAAs 攝取，減少 27.5%。

結論

高蛋白飲食搭配高 BCAAs，對減少腹部脂肪最有幫助。

如何運用 BCAAs？

除非你特意提高蛋白質的攝取量，不然一般的低卡飲食會減少體內的 BCAAs，比方說過重的女性每天攝取 1000 大卡的熱量，經過 3 週後體內會減少 11% 的 BCAAs，因此必須補充回來。

BCAAs 來源：

- 通常製作成粉末狀、膠囊狀或藥片狀。
- 有些高蛋白粉（乳清蛋白或酪蛋白）會添加 BCAAs 在其中。

BCAAs 的補充時機：

- 兩次正餐之間的營養補充。
- 在用餐時一起食用。
- 訓練前、中、後補充。

當配合卡路里飲食控制的時候，每天 BCAAs 攝取量大約 5 到 10 克，分散在一天的飲食中，只要在合理範圍內使用，並不會有副作用。

結論

當你配合卡路里飲食控制的時候，BCAAs 可以幫助維持肌肉的合成、對抗疲勞、促進脂肪消耗，尤其是降低腹部脂肪累積。

鈣質：有效對抗腹部脂肪的礦物質

鈣質的組成

鈣質是乳製品中很常見的礦物質，是對骨質健康很關鍵的物質。

早期研究並沒有發現鈣質與減重的關聯性，近年來研究才發現鈣質對燃燒脂肪有幫助。

鈣質的燃脂機轉

脂肪細胞也是儲存鈣質的其中一個地方，因此當你的身體缺乏鈣質的時候，會促進脂肪細胞的合成，來增加鈣質的吸收，如此就會導致體重上升。

反過來說，如果攝取足夠的鈣質，就不會累積太多的脂肪細胞，同時也更容易消除剩餘的脂肪細胞。

鈣質主要影響的脂肪，以腹部脂肪最顯著。

實驗結果

● 鈣質單純的效益

在 1990 年代，一些針對高血壓的研究文獻首次發現，把鈣離子的攝取濃度，由每天 400 毫克增加到每天 1000 毫克，可以有效幫助減重約 5 公斤。

研究同時也發現，每天鈣質攝取低於 500 毫克的人，比起攝取 1000 毫克的人，有更高的肥胖機會。目前研究指出，每多增加 100 毫克的鈣質攝取，可以幫助減少約 0.5 公斤的體脂，但這個效果在超過 800 毫克之後就不顯著。

攝取鈣質對女性通常比男性更為有效，當然是因為女性通常吃的食物較少的關係，自然攝取到的鈣質也較男性少。

● 飲食控制上的鈣質增補

一般正常飲食中所攝取到的鈣質，對減少脂肪的幫助並不大，但如果配合減少熱量攝取 600 大卡，以及每天 1.4 克的鈣質攝取，會比每天只要攝取 500 毫克鈣質的人多消耗 28% 脂肪 (Melanson et al., 2005. Obesity Research 13:2102-12)。

另外一個為期 6 個月的研究中，平均年齡 38 歲的過重女性，每天熱量攝取 1200 到 1500 大卡，其中一組攝取 1.8 克的鈣質，另一組每天攝取 1 克的鈣質（兩組使用的都是檸檬酸鈣補充劑）。

結果顯示：

- 攝取 1 克鈣質的組別，減少了約 3 公斤的脂肪。
- 攝取 1.8 克鈣質的組別，則減少了約 5 公斤的脂肪。
- 攝取 1 克鈣質的組別流失了約 2 公斤的肌肉量，但另一組則只減少約 1 公斤肌肉量。

攝取鈣質的量與時機？

鈣質每日攝取量隨年齡有所不同：

- 青少年每日攝取 1.3 克。
- 成年人每日攝取 1 克。
- 50 歲以上中老年人每日攝取 1.3 克。

⚠ 限制熱量攝取會影響鈣質吸收

1. 你吃得越少，越難達到鈣質攝取的標準，研究指出女性經過 6 個月的節食，會減少 40% 的鈣質攝取。
2. 一般來說，身體只會吸收攝取到的 25% 鈣質，限制卡路里會只吸收到 15% 的鈣質。
3. 醫學研究指出，限制飲食的人會需要更多的鈣質攝取。

攝取鈣質的最佳時間在夜間比白天的效益更好，因此我們建議可以分配三分之二的鈣質攝取在晚上，三分之一在白天。

使用鈣質增補劑較好或乳製品較好？

對減重的人來說，從乳製品（例如牛乳、優格、起司）攝取鈣質比較健康，但很不幸的是，乳製品也含有脂肪與糖份。

研究指出，由乳製品額外攝入的熱量，並不會減少對一般飲食的熱量攝取，這樣的現象在男性要比女性高兩倍，因此很容易攝取過多額外的熱量。因此比較起來，使用鈣質增補劑單純補充鈣質，會是減重者比較好的選擇。

除了上面所講的每日建議量之外，最高每日也不應超過 2.5 克，因為最有效的用量是在 2.5 克以下，過多的鈣質對減少脂肪沒有幫助。

結論

當你在進行飲食熱量控制時，鈣質所帶來的好處以及需求都會增加，所以務必確保攝取足夠的鈣質。

第 3 篇
雕塑腹肌的基本運動

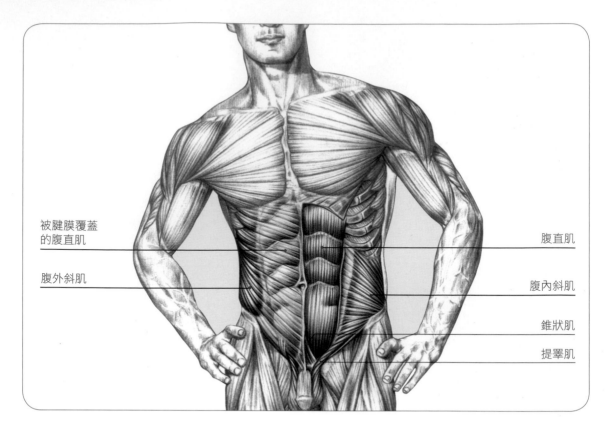

被腱膜覆蓋
的腹直肌

腹外斜肌

腹直肌

腹內斜肌

錐狀肌

提睪肌

🫧 解剖構造考量

腹腔是由四塊肌肉構成：

1. 腹直肌，位於中間。
2. 腹外斜肌，位於腹直肌的兩側。
3. 腹內斜肌，是被腹外斜肌覆蓋的深層肌肉，從表面看不到。
4. 腹橫肌，是被腹內斜肌覆蓋的深層肌肉，從表面看不到。

大多數健身者希望將全身肌肉練得更粗壯，但對於腰部肌肉的要求就不是粗壯，而是將重點放在清晰明顯。

肌肉與腰部緊實的關係

腹肌可以幫助支撐腹部，也可以幫助讓腰部更緊實縮窄：

- 位於深層的腹橫肌，作用就像束腰一樣，將腰部收緊。
- 腹外斜肌與腹內斜肌維持緊實，而非肌肥大，有修飾腰身的作用。

腹部肌群的動作與內臟的支撐

對四足動物來説，腹部肌群構成像吊床的結構撐住內臟，扮演某種程度上限制活動的角色。但因為人類是靠雙腳站立，腹部肌群必須相對強壯，因為在垂直方向，腹部肌群必須同時穩定住骨盆，避免行走時的前後搖晃以及內臟的位移。

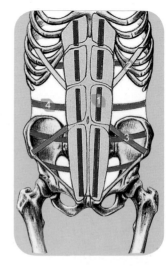

1. 腹直肌
2. 腹外斜肌
3. 腹內斜肌
4. 腹橫肌

腹部肌群與構造

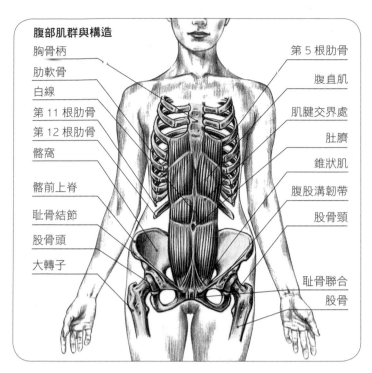

胸骨柄
肋軟骨
白線
第 11 根肋骨
第 12 根肋骨
髂窩
髂前上脊
恥骨結節
股骨頭
大轉子

第 5 根肋骨
腹直肌
肌腱交界處
肚臍
錐狀肌
腹股溝韌帶
股骨頸
恥骨聯合
股骨

腹外斜肌

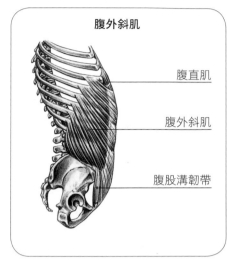

腹直肌
腹外斜肌
腹股溝韌帶

腹部深層肌群與構造

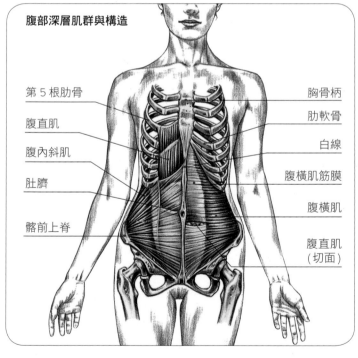

第 5 根肋骨
腹直肌
腹內斜肌
肚臍
髂前上脊

胸骨柄
肋軟骨
白線
腹橫肌筋膜
腹橫肌
腹直肌
（切面）

腹內斜肌

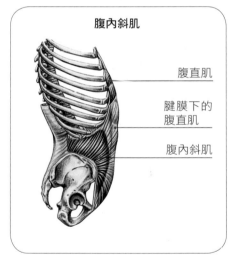

腹直肌
腱膜下的
腹直肌
腹內斜肌

腹部的橫切面

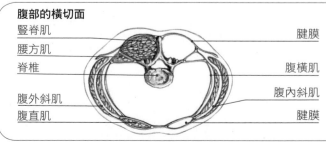

豎脊肌
腰方肌
脊椎
腹外斜肌
腹直肌

腱膜
腹橫肌
腹內斜肌
腱膜

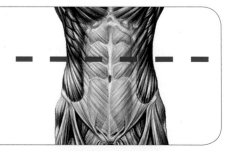

避免假性腹肌運動

錯誤的腹肌運動不僅效果差又累，同時對脊椎也會造成傷害，有一個簡單的方法，可以分辨好動作與不良動作。

一般來説，腹直肌收縮時，下背也會自然彎曲，但如果出現腰椎過度伸展的情形，這個動作對腹肌訓練是比較沒有效率的。

會影響腰椎弧度的肌群主要有腰肌、髂肌和股直肌，只要下背離開地面，就有可能用到這些肌肉代償，而非用到腹肌。

> ⚠ 腹肌運動會對椎間盤產生壓力，所以你的軀幹才會向前移動，只要動作正確，對健康的椎體是沒有問題的。
>
> 但如果你本來就有背部的問題，或是運動時感覺背痛，就要立刻諮詢醫生或教練，判斷是否還能繼續進行這項運動，以避免造成運動傷害。
>
> 良好的腹肌與核心運動，對脊椎有一定的支撐與保護，但假性腹肌運動則會有反效果，通常無效且會危害椎體健康。

舉例來説，把腿舉在空中定住 **1** 的動作，和剪刀腳交錯上下 **2** 的運動，就具有高度危險性。

因為腹直肌是附著在骨盆，而非在大腿上，能夠影響骨盆的位移，但控制不了大腿擺動，導致下背部有過度伸展的可能。而過度伸展的下背，對椎間盤造成相當大的壓力。

同時因為腹肌出力維持脊柱中立，這樣的等長收縮會導致該部位局部的血液滯留，也就無法代謝運動產生的乳酸，會有局部的缺氧情形。這就像跑步時憋氣一樣，不能持續運動的時間，而等長運動對於增加肌力和減脂的效果也不顯著。

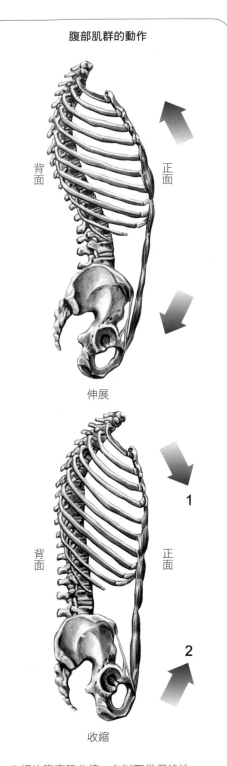

腹部肌群的動作

背面　　正面

伸展

背面　　正面

1

2

收縮

良好的腹直肌收縮，有以下幾個特性：

- 將頭部帶向下腹部方向 **1**
- 將骨盆帶向頭部方向 **2**
- 同時讓頭部及骨盆靠近彼此 **1+2**

最好的例子就是腹部捲曲。

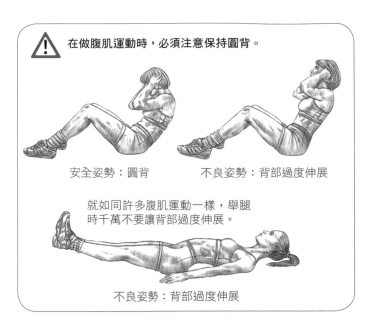

⚠ 在做腹肌運動時，必須注意保持圓背。

安全姿勢：圓背　　　不良姿勢：背部過度伸展

就如同許多腹肌運動一樣，舉腿時千萬不要讓背部過度伸展。

不良姿勢：背部過度伸展

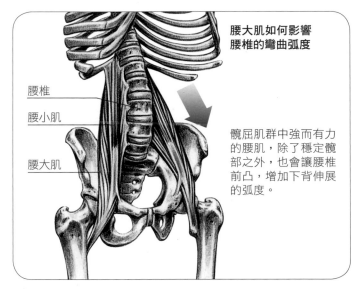

腰大肌如何影響腰椎的彎曲弧度

腰椎

腰小肌

腰大肌

髖屈肌群中強而有力的腰肌，除了穩定髖部之外，也會讓腰椎前凸，增加下背伸展的弧度。

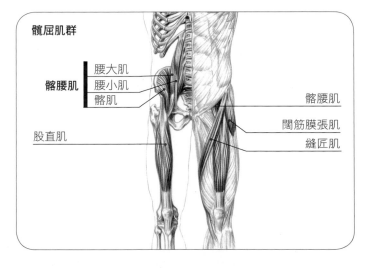

髖屈肌群

髂腰肌 ── 腰大肌／腰小肌／髂肌

股直肌

髂腰肌

闊筋膜張肌

縫匠肌

如果你有腹股溝疝氣、股疝氣或腹部疝氣

許多人認為透過腹肌訓練可以改善疝氣的狀況，這是不正確的。

疝氣就像紙張破了洞，無法自行癒合，運動甚至可能加重病情。疝氣需要透過手術來修復，最好諮詢外科醫生。

反過來說，只要你本來沒有疝氣，也不會因為做腹肌訓練而造成疝氣。不管怎麼說，只要本身有疝氣，運動就可能會更嚴重，這不只是做腹肌運動的問題，在從事任何劇烈運動之前，都應該先徵詢醫師的意見。

注意頭部的擺位

頭部的位置會影響身體控制平衡的肌群，當你把頭部向後傾：

- 後背腰部肌肉本能就會收縮 **1**
- 腹肌會放鬆

當你把頭部向前傾：

- 腹肌會收縮 **2**
- 背後腰部肌肉會放鬆

做腹肌運動時最常犯的錯誤，是將視線集中在天花板 **3**，因為頭部抬高，會讓腰部出力抵抗，使得脊椎僵硬，動作流暢性降低，讓腹肌訓練的效果不佳。

更應該避免頭部左右晃動，除了影響平衡，也會對頸椎造成壓力。

做腹肌運動最好讓頭部微向前傾，視線集中在腹部的位置，幫助背部腰椎放鬆，使動作有更大的活動範圍，動作更流暢。

除了側腹捲（p.56）的動作以外，不要將頭部側向任何一邊，但如果你不得已需要側頭，也要保持動作過程中頭部穩定。同樣地，所有的動作都不要太過搖動頭部，這樣只會造成反效果。

腹肌訓練時的正確呼吸方式

在進行腹肌訓練時，必須搭配適當的方式。通常在運動時會个自覺憋氣，尤其是當負荷較大的時候更明顯。

當然憋氣可以提升肌力，但憋氣會導致肌肉張力從腹肌延伸到腰肌，會導致腹部變得僵硬。也因此當做腹部捲曲時，會導致使用到髖屈肌群去代償。

正確的呼吸方式是在做腹部捲曲動作時，運用腹直肌捲曲腹部，同時緩慢地吐氣，盡量清空肺部的空氣，盡可能彎到最大的程度。而在做反向動作時，則要緩慢地吸氣。

當然在從事較為劇烈的腹肌運動時，你的呼吸很難不受到干擾，但還是請盡量維持收縮時吐氣，放鬆時吸氣的原則。

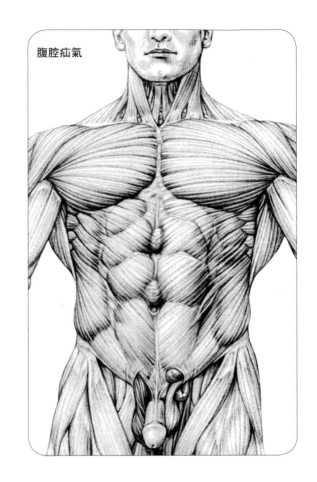

腹腔疝氣

腹直肌的形狀差異

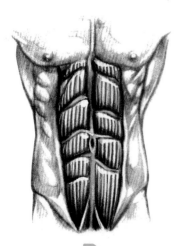

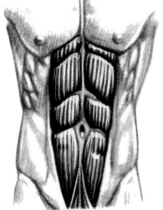

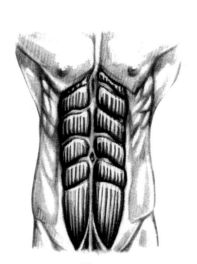

1　　　　　　2　　　　　　3

1 不對稱型腹肌

2 腱劃 (tendinous intersections) 較少的腹肌

3 腱劃較多的腹肌

每個人的腹肌並非絕對對稱，形狀也有差異，腱劃也有多有少，一般所謂的六塊肌只是通稱。

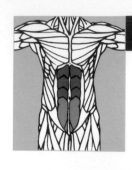

腹直肌運動

1 腹部捲曲

這個動作可以徵召到整個腹部肌群，
但以腹直肌上端為主。

🟢 採仰臥姿，屈膝並保持腳掌在地面 **1**
或長椅上 **3**，將雙手放在頭側或頭後。

🟢 慢慢抬起軀幹，避免代償動作，直到肩
膀離開地面 **2**。當腰椎上端開始要離開地
面的時候就停止抬高，維持這個姿勢並收
縮腹肌。

🟢 慢慢回到開始位置，過程中要避免突然
加速的動作。

注意！腹部收縮時吐氣，身體下降時吸氣。

優點

腹部捲曲是訓練腹肌很簡單的動作，且可避
免對腰椎造成傷害。

缺點

腹部捲曲動作範圍相當小，通常只有 15 公分
左右，許多人容易把上半身抬得過高，會變
成在做仰臥起坐（p.80），就不是專注在腹肌訓
練了。

風險

⚠ 如果利用代償的方式，用雙手用力扳頭或
甩動軀幹，都會對腰椎與頸椎的椎間盤造成
傷害。

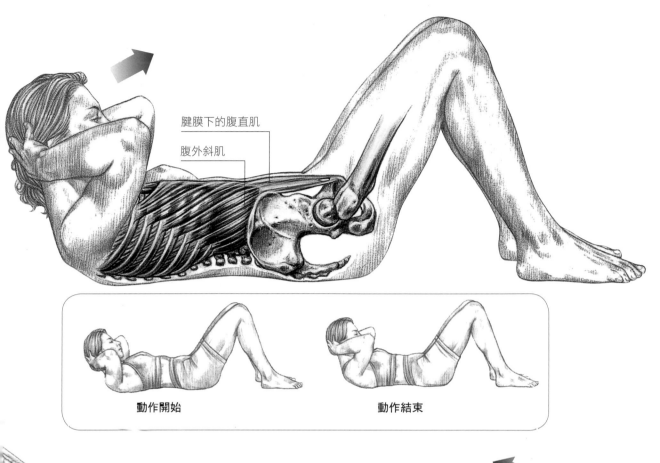

腱膜下的腹直肌

腹外斜肌

動作開始　　　　**動作結束**

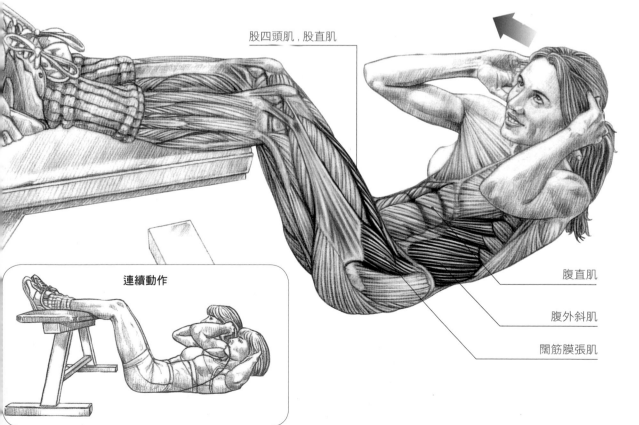

股四頭肌,股直肌

連續動作

腹直肌

腹外斜肌

闊筋膜張肌

實用小撇步

為了增強你的腹直肌，就必須持續增加阻力。為了讓腹部捲曲訓練能夠增加阻力，這裡有 6 種策略讓運動更有難度：

1. 保持動作正確

如果你可以輕鬆完成 30 下，首先要檢查動作是否都正確。最常見的錯誤是在腹部捲曲的頂端，沒有用力收縮腹肌。

目標不是做越多越好，而是腹肌每一個反覆次數都要做到高強度收縮。而且在動作過程中，也不可以利用擺動手臂和肩膀的慣性去帶動身體。必須專注在只使用腹直肌出力，正確緩慢地完成動作。

2. 調整手臂姿勢可以改變難度

手臂放的位置，會影響腹部捲曲的難度，以下是由易而難的變化：

a. 手臂擺直在身體前方，圖 1 與 2 。

b. 雙手放在對側的肩膀上，圖 3 。

c. 雙手靠在耳側，圖 4 。

d. 雙臂伸直放在頭部後方，圖 5 與 6 。

採用難度遞減組合的方式，可以幫助你多做幾下，例如一開始雙臂伸直放在頭部後方，直到沒力後再將手臂彎曲靠在頭部後方，以此類推。

腹外斜肌
腹直肌
股四頭肌，股直肌
闊筋膜張肌

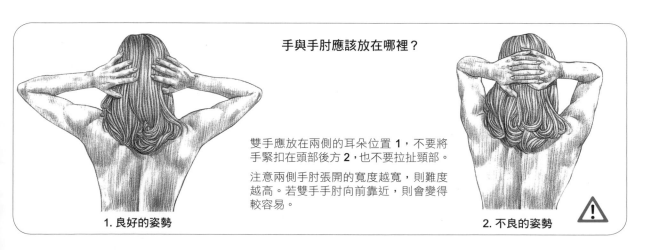

手與手肘應該放在哪裡？

雙手應放在兩側的耳朵位置 **1**，不要將手緊扣在頭部後方 **2**，也不要拉扯頸部。

注意兩側手肘張開的寬度越寬，則難度越高。若雙手手肘向前靠近，則會變得較容易。

1. 良好的姿勢

2. 不良的姿勢

3. 用槓片或啞鈴放在頭部增加阻力

可以抱一片槓片放在頭後 **1** 或抱啞鈴在胸前 **2**，來增加腹部捲曲的阻力強度。

4. 請夥伴做為阻力來源

請夥伴以單腳踩在肚臍的位置 **3**，一開始輕輕把腳放在肚子上，能夠承受之後再加大阻力。也可以採用難度遞減組合方式，先以較大阻力進行，沒力之後再減輕阻力。

5. 用槓片放在肚臍增加阻力

在沒有夥伴的情況下，可以用約 45 磅的槓片放在肚臍上方的位置。如果槓片直接接觸皮膚感到不適，也可以用摺好的毛巾放在肚臍上保護。在身體延展時，讓槓片陷入腹部，在收縮時則用力頂起槓片。等到沒力時，移走槓片繼續多做幾下。

6. 在床墊上操作

在床上做腹部捲曲有兩點好處：一、在床墊上操作要比地板舒服；二、當抬起軀幹時，床墊會下陷，腹部更容易捲曲，可以增加腹直肌的收縮程度。

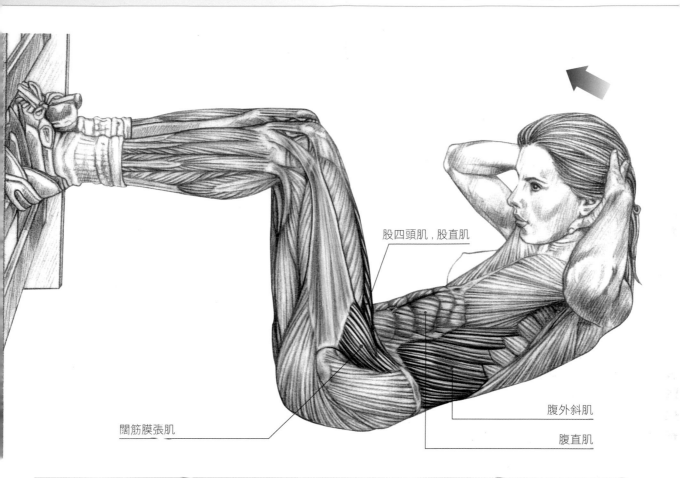

股四頭肌，股直肌

腹外斜肌

腹直肌

闊筋膜張肌

雙腳到底要不要固定？

腹肌運動在雙腳被同伴或重物固定時 **1**，可以增加相當多的肌力，但這主要是因為當雙腿固定時，髂腰肌群和股直肌都會參與運動，而接替了腹肌的工作。

當然，如果固定雙腿並不會造成下背部不適，並讓腹肌收縮得更好，就可以這樣做。但如果你發現動作過程中，過度依賴雙腿出力拉動軀幹，而減少了腹直肌的功用，那就不應該固定雙腳。

一個小技巧可以用來改善大腿出力的情況：當夥伴固定好雙腳，你可以屈膝90度並向身體兩側打開 **2**，這個動作可以減少髖屈肌群的參與，避免代償作用。

合理的順序當然是先嘗試不要固定雙腳，做不起來時再固定雙腳。記住！務必盡可能把意識集中在腹肌的收縮上面。

注意：通常女性的上半身比男性輕盈，不需要固定雙腿就可以完成腹部捲曲動作。

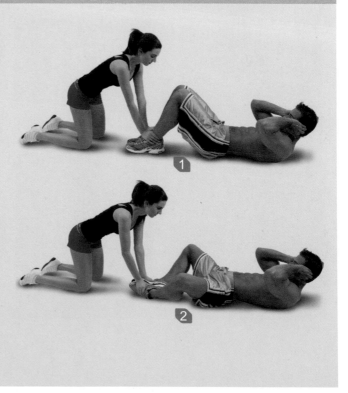

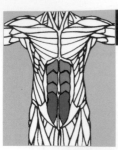

腹直肌運動

2 仰臥舉腿

這個運動也叫做反向腹捲，可以訓練整個腹壁肌肉，但主要在腹直肌的下半段。

仰臥，雙臂貼在體側地面，雙腿彎曲 90 度，開始抬起臀部讓下背離地，注意過程需穩定緩慢地收縮 1，動作像反方向的腹部捲曲，直到上背開始離地的時候就停止 2。

盡量把下腹朝胸口靠近，目的不是要碰在一起，而是在過程中保持這個意念可以做得更好。停在結束位置時，將意識集中在下腹的收縮。

慢慢放下軀幹到起始位置，當臀部碰到地面就可以停止，持續保持張力。注意保持頭部中立，頸部在過程中不要亂動。

變化動作

a 運動過程中將雙腳打直朝向天花板，會讓動作變得比較簡單，而原本屈腿使小腿碰觸大腿後側的動作會比較難執行。

所以你可以先從較困難的屈腿仰臥舉腿開始，當做到沒力時，再改用直腿的方式儘可能多做幾下。

實用小撇步

這個動作的關鍵是舉高臀部而不是大腿，你的大腿其實可以一直保持相同的姿勢。

連續動作

b 一次只舉起其中一腿，可減輕腹肌的負荷，動作也會比較簡單。

採用雙腿交錯腹部捲曲的方式執行，可同時收縮腹肌的兩端（可參考 p.49）。

警告！這種單腳的方式雖然比較輕鬆，但因為會讓脊椎轉向側邊，相對來說比較容易造成傷害。

c 如果透過旋轉軀幹的方式，把腳轉向兩側，則可強化腹內外斜肌。

優點

下半部的腹肌相對較難控制，而仰臥舉腿則是最好啟動下腹肌的動作，在許多有效訓練腹肌的舉腿動作中（第 4 篇），這是最簡單且阻力較低的動作。

缺點

仰臥舉腿是一個看起來簡單，但也很容易做錯的動作。如果感覺到下背有明顯拉力，表示很可能做錯了，重點必須放在學習如何用腹肌的下半部出力。

風險

⚠ 如果在動作的過程中，過度伸展下背，可能會對椎間盤造成夾擠。

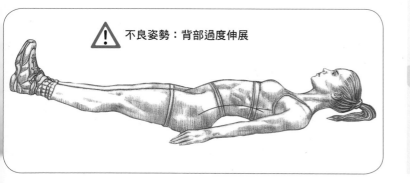

⚠ **不良姿勢：背部過度伸展**

動作中的腹直肌

腹直肌

腹外斜肌

轉體腹捲

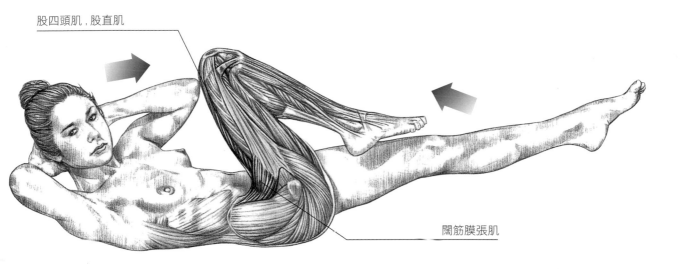

股四頭肌，股直肌

闊筋膜張肌

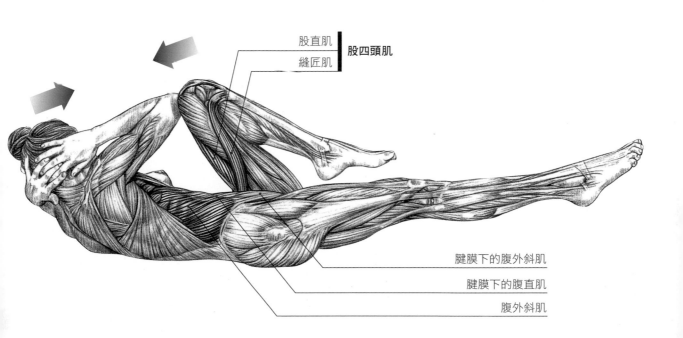

股直肌
縫匠肌　股四頭肌

腱膜下的腹外斜肌

腱膜下的腹直肌

腹外斜肌

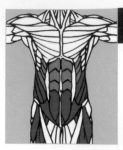

腹直肌運動

3 坐姿舉腿

這個動作是仰臥舉腿的變化版本，對腹肌的阻力更大，所以難度更高。

1

2

🫧 坐在長凳的邊緣，手在身體後方抓住椅子邊緣以幫助穩定 **1**。

🫧 膝屈 90 度將膝蓋向胸口靠近 **2**，雖然不一定要真的碰到胸口，但保持這個意念，可確保運動的軌跡正確。在抬到最高點停住並收緊下腹肌。

🫧 慢慢放下雙腿回到起始位置，在大腿與地面平行之前停住，保持腹肌持續收縮的張力。

優點

坐姿舉腿可以提供比仰臥舉腿 (p.46) 更大的阻力。當你覺得仰臥舉腿太簡單時，可以改用坐姿舉腿來持續進步，它的難度介於仰臥舉腿和懸吊舉腿 (p.90) 之間。

變化動作

調整阻力的強度，可採用以下方法：

缺點

坐姿會壓迫到骨盆，進而影響脊椎的活動，會讓腹肌收縮變得相對困難，很容易變成用髂腰肌去代償。

a

a 雙腿伸直程度會影響難度（腿伸越直，難度越高）。

b 軀幹傾斜程度會影響難度（軀幹與地面越平行，越容易）。

b

風險

⚠ 避免過度伸展下背，可以保持下背微屈來減少椎間盤壓力。

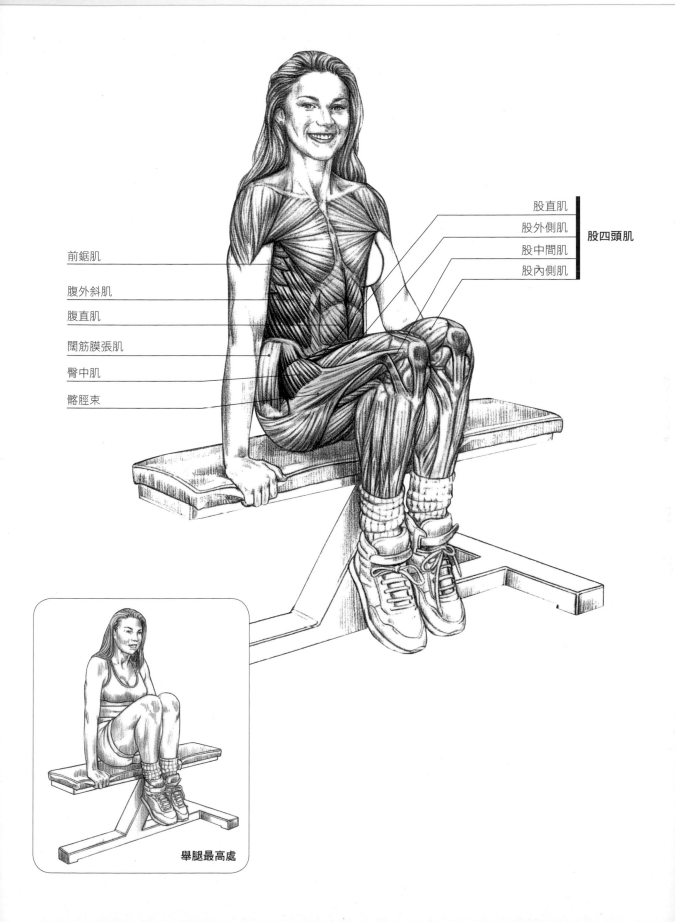

股直肌
股外側肌
股中間肌
股內側肌

股四頭肌

前鋸肌

腹外斜肌

腹直肌

闊筋膜張肌

臀中肌

髂脛束

舉腿最高處

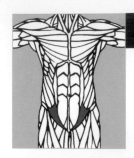

腹內外斜肌運動

人魚線 (阿波羅的腰帶)

腹直肌是許多人努力加強鍛鍊的部位，而腹內外斜肌則被認為外觀比功能重要。

為了消除腰間贅肉，許多人會選擇用長時間、低阻力的方式練這個部位，而忽略了肌力的重要性。

一般人俗稱的人魚線，其英文名稱是「Apollo's Belt」，也就是「太陽神阿波羅的腰帶」。在古希臘的藝術雕塑中，都會特別強調由腹內斜肌底端構成的這一條腰與腿的界線。

人魚線的角度是由腹內斜肌的形狀構成，大概就是在骨盆的高度。完美的腹直肌統治了整個腹部，而腹內斜肌則扮演了增加男性魅力的關鍵角色。

除了健美選手的需求之外，通常腹外斜肌沒有太大的觀賞性，因為鍛鍊腹外斜肌會讓腰身變得粗壯，而腹內斜肌可以讓骨盆顯得比較苗條。這樣的結構，激發希臘藝術家著重描繪腹內斜肌的動機。

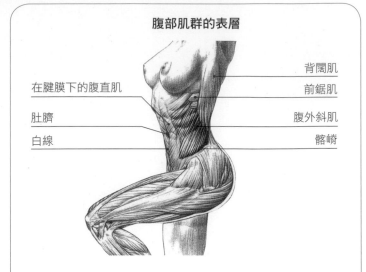

腹部肌群的表層

在腱膜下的腹直肌 — 背闊肌
肚臍 — 前鋸肌
白線 — 腹外斜肌
— 髂嵴

腹部肌群的中間層

肋軟骨 — 肋骨 — 內肋間肌
— 外肋間肌
腱膜下的腹直肌 — 腹內斜肌
髂前上嵴 — 髂嵴
— 髖骨
— 骶骨
白線 — 腹股溝韌帶
腱膜下的錐狀肌 — 尾骨
恥骨聯合 — 坐骨的脊椎
恥骨結節 — 髖臼或關節窩
— 坐骨結節

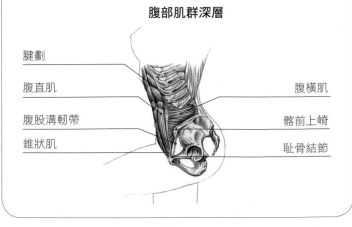

腹部肌群深層

腱劃
腹直肌 — 腹橫肌
腹股溝韌帶 — 髂前上嵴
錐狀肌 — 恥骨結節

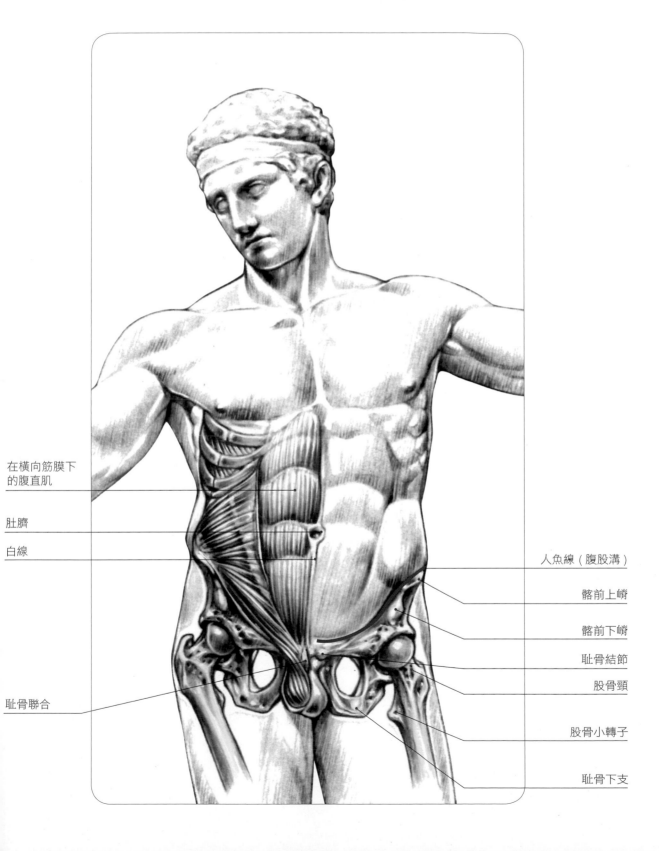

在橫向筋膜下
的腹直肌

肚臍

白線

人魚線（腹股溝）

髂前上嵴

髂前下嵴

恥骨結節

股骨頸

恥骨聯合

股骨小轉子

恥骨下支

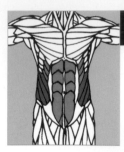

腹內外斜肌運動

1 轉體腹捲

這項運動可以同時訓練腹直肌與腹內、外斜肌。

仰臥保持膝蓋彎曲，雙腳固定在地面 ❶，或將小腿肚放在長凳上 ❷。右手彎曲放在頭後，將左臂伸直，平放體側做為支撐，強調身體側邊的旋轉。

用腹肌的力量，而不要用蠻力，將右手手肘帶向左大腿的方向 ❸，但不必碰到，保持這個動作的意念，就可以維持正確的運動軌跡。

在最高點保持腹肌收縮的張力，然後再緩慢放下，回到開始位置。不要把頭完全放到地面，持續保持腹肌張力。動作要平穩，不可突然加速。完成一遍後，可以換邊執行。記住！腹肌收縮過程吐氣，降低軀幹時吸氣。

實用小撇步

操作此動作時，可做以下變化：

● 每個反覆次數都左右側交替進行。

● 先一側完成指定的反覆次數後，再換另一側做相同反覆次數，左右兩側都完成才算一組。

手放的位置可以決定動作的難度。兩手在身體前方伸直最容易完成，若將單手或甚至雙手都放在頭後，即可增加難度。

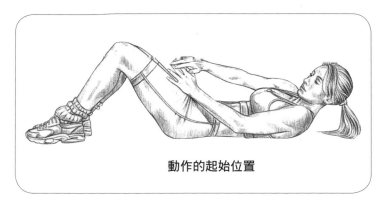

動作的起始位置

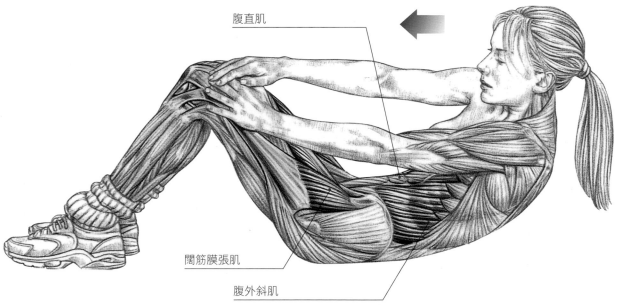

腹直肌

闊筋膜張肌

腹外斜肌

變化動作

a 手臂伸直放在身體前方，慢慢抬起身體直到肩膀離地，避免任何突然的動作。

b 改變傳統腹部捲曲的動作，把雙手朝向某一側的膝蓋（見上圖），腰椎離地時，停在高點用力收縮腹直肌與腹外斜肌。

優點

這項運動是很好的循環訓練及心肺訓練，因為當你收縮左側時，右側可得到休息，這樣交替可以讓你反覆更多次。

缺點

因為左側與右側需要分別訓練，會延長整個訓練的時間。

風險

⚠ 如果你有下背痛的問題，轉動脊椎可能會使疼痛加劇。做此動作必須放慢，且避免將軀幹抬得過高。

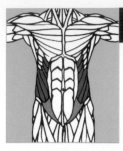

腹內外斜肌運動

2 側腹捲

這是針對腹內外斜肌的運動，此肌群的功能主要是支撐脊柱與旋轉骨盆，在許多運動中皆扮演重要的角色。

左側躺，右手放在頭後，左手伸直支撐，左腿屈膝 90 度後讓右腿保持半彎，左腳可以抵住右膝以增加穩定性 **1**。

開始收縮腹斜肌，讓右手肘朝向右腿髖關節，左肩內收稍微離開地面 **2**。在最高點保持收縮後再放下身體。

重點在於抬高左側肩膀而不是抬頭，過程中保持腹斜肌的張力直到回到地面。完成右側一組後，繼續換成左側的動作。

實用小撇步

這項訓練動作的軌跡並非單純直線，需要加上由背後往前的軀幹旋轉，讓腹內外斜肌收縮。

變化動作

a 你可以透過改變上方手的位置來改變難度。手放在頭後是屬於中等難度的等級，可以試著把手在頭頂伸直（朝軀幹上方延伸的方向），以提高側腹捲對腹內外斜肌的阻力。

b 如果你把手朝腿的方向伸直（朝軀幹下方延伸的方向），會降低動作的難度。

以下可將難易不同的動作組合起來練習：

● 剛開始，將手在頭頂後伸直做側腹捲。

● 感覺沒力了，就把手放到頭後繼續做側腹捲。

● 再次感到無力，就把手伸向腿的方向繼續做側腹捲。

● 當你感覺幾乎筋疲力盡的最後階段，可以用手抓住大腿後方，拉近軀幹以幫助腹斜肌收縮，強迫自己多做幾次到完全無力。

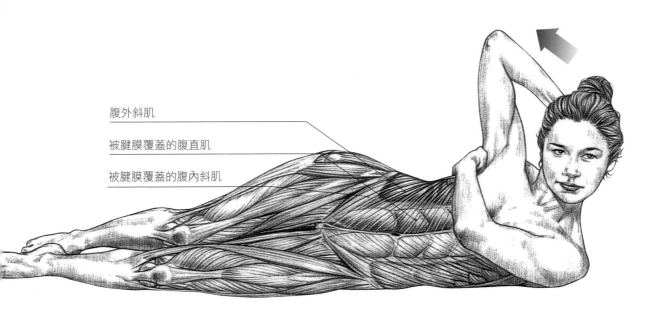

腹外斜肌

被腱膜覆蓋的腹直肌

被腱膜覆蓋的腹內斜肌

c 改用抬起大腿的方式也可以收縮腹內外斜肌。注意腿不要抬高超過 45 度，以免用到過多的臀部肌肉去幫忙。

d 你也可以在側躺的起始位置，輪流或同時抬起軀幹和大腿。

優點

在正確的姿勢執行下，這項訓練動作可以很完美的訓練到腹內外斜肌。

缺點

要注意腹外斜肌過度強壯，會讓腰圍增粗，所以建議可以用輕負荷、長時間多反覆次數來增加腰部的脂肪燃燒，而不要採用鍛鍊肌力的方式。

風險

⚠ 不要依賴甩動頭部來增加反覆次數，這樣對頸椎負擔太大。

注意

通常側腹捲適合放在課表的後段執行，鍛鍊腹直肌會比腹內外斜肌優先。

技巧

可以把一手放在腹斜肌上面，幫助自己更能感受肌肉的收縮。

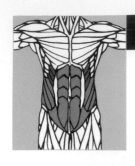

穩定運動

1　靜態穩定靠牆

這項運動可以同時訓練到腹橫肌與腹內外斜肌，
和許多幫助穩定脊椎的深層肌肉。

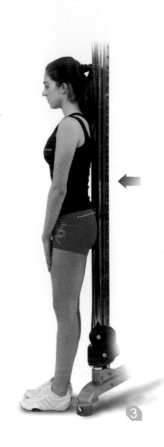

🔸 站姿背靠牆，雙腳離牆壁或垂直的支柱約 50 公分伸直 ①，使脊椎完全貼平。

🔸 然後漸漸的把雙腳移向牆壁，過程中盡量保持腹肌收緊，脊柱貼在牆壁上 ②，避免腰椎過度伸展。

🔸 當你開始覺得下背離開牆壁，腳就停止移動 ③。腹肌持續收緊。

盡可能保持這個等長收縮的姿勢至少 15 秒。

實用小撇步

這個運動看起來很簡單，你還是會感受到相當程度的腹肌出力，但因為通常腹肌不太適應等長出力的方式，所以時間越長越容易感到疲勞。

變化動作

a 如果以站姿撐不到 15 秒，可以改採用仰臥的方式。

雙臂展開平貼地面，雙腿先屈膝 90 度，緩緩把腳伸直，過程中注意維持下背盡可能貼在地面，但也要注意腳跟推地的壓力不要太大。

當你開始感覺腰椎離地時，就可以停止伸直腿。

b 當採用站姿靠牆操作變得太容易的時候，可以嘗試不靠牆直接收縮腹肌。這個動作隨時隨地都可以練習。

優點

長期訓練這項運動，可以幫助強化支撐腰椎的肌群及預防下背痛。

缺點

這項運動的動作幅度小，看起來吸引力不大，容易被大家忽略它的好處。

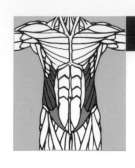

穩定運動

2　棒式

這個動作可以強化整體腹壁與核心肌群的穩定。

延展身體保持臉朝下的姿勢,用前臂與腳趾支撐體重 **1**,保持穩定的姿勢至少 15 秒,盡可能維持從頭、軀幹到腿挺直。

如果開始感到頸部不適,可以低下頭 **2**。

可以用瑜伽墊或毛巾,幫助減緩前臂撐地的不適。

變化動作

a 可以請同伴在背上放槓片,或坐到背上來增加阻力。但無論如何都要避免下背的過度伸展。

b 也可以用側臥的方式來鍛鍊腹斜肌,如果覺得難度太高,可以用空著的那隻手幫忙支撐。

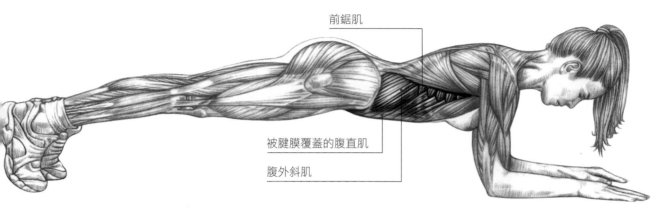

前鋸肌

被腱膜覆蓋的腹直肌

腹外斜肌

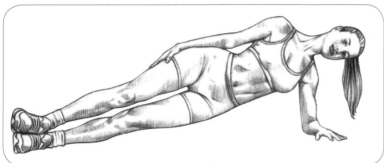

優點

棒式不需要額外器材，而且可在短時間內完成，你可以和同伴比賽誰撐得比較久。對於需要穩定的腹肌去增強防禦能力的運動（例如競技運動或團隊接觸運動），會很有幫助。

缺點

棒式是靜態的穩定運動，可以強化等長肌力，但對腹肌的外型幫助不大。

風險

⚠ 如果過度伸展下背，會擠壓到椎間盤。注意! 做棒式過程中憋氣，雖然會讓你覺得好像撐得比較久，但那是錯誤的，如果感覺動作影響呼吸，只要保持慢吸慢吐就好。

實用小撇步

如果覺得手掌貼地的姿勢有困難，也可以改用握拳的方式，保持手腕在中立位置（掌緣朝下，如下圖）。

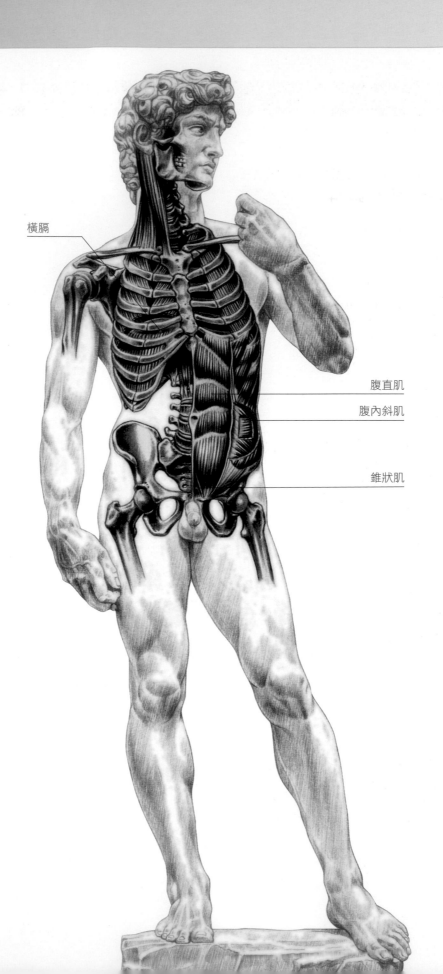

横膈

腹直肌

腹內斜肌

錐狀肌

增進運動表現的呼吸運動

1　仰臥負重胸腔擴張運動

這項運動是透過增加胸腔擴張的難度，
以強化吸氣需要的肌群。

呼吸肌的種類與肌耐力

科學研究已經證實，長時間的耐力運動會導致橫膈肌的疲乏，當然，就像一般的肌肉一樣，疲乏會使運動表現下降。

橫膈肌訓練可以有效延長耐力，經過訓練的運動員會比一般人擁有更強壯的橫膈肌，所以呼吸運動對於提升運動表現是有必要的。

仰臥，在胸口上放啞鈴或槓片，深深吸氣把胸口擴張到極限，然後再慢慢呼氣收縮胸腔。

變化動作

可以在胸部繞上彈力帶壓迫胸腔，來提高擴胸的難度，使吸氣更為費力。

實用小撇步

這項運動建議採用多反覆次數（50 次以上），來達到對耐力訓練的效果。

風險

⚠ 一開始不要用太大的負荷去擠壓肋骨，以免受傷，應該由輕的負荷開始，適應這項運動。

增進運動表現的呼吸運動

2 橫膈肌收縮

這項運動專門針對呼吸肌最主要的橫膈肌做強化。

採四足跪姿，吸氣時盡量收縮腹部，呼氣時再慢慢放鬆。

變化動作

ⓐ 如果無法採用四足跪姿，也可以改用坐姿或雙膝跪姿，腹部收縮會稍微容易一點。

ⓑ 改用仰臥姿勢，可以再降低腹部收縮的難度。

ⓒ 為了盡量提高訓練效果，你可以嘗試下面的訓練組合：

● 一開始採用四足跪姿的方式操作，直到呼吸肌開始感到無力。

● 再翻身改用仰臥姿勢，繼續多做幾個反覆次數。

注意

這項運動在剛開始會讓你誤以為很容易，但一旦超過 20 下左右你會開始感到異常的疲勞，但這就是真正開始訓練到呼吸肌的時候，所以要盡可能地多做幾下。

優點

這項運動會同時訓練到腹橫肌，幫助訓練出平坦的小腹。

風險

⚠ 需要小心過度換氣導致的輕微頭暈。

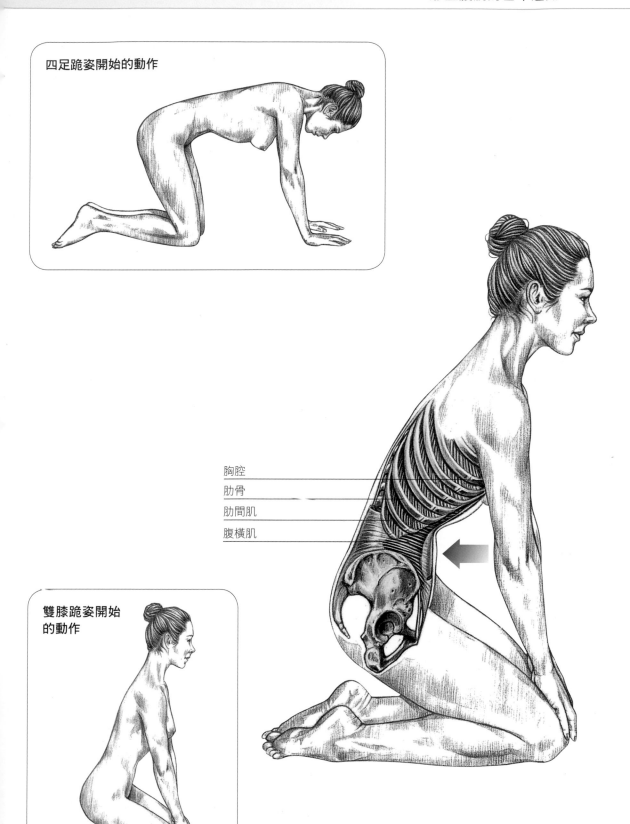

四足跪姿開始的動作

胸腔
肋骨
肋間肌
腹橫肌

雙膝跪姿開始
的動作

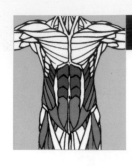

腹部肌群伸展運動

1 抗力球腹肌伸展

可以幫助伸展腹肌與放鬆背部。

優點

這個動作可以確保背部在得到完整支撐的情況下伸展腹部。

缺點

為了維持腹部的平坦緊實，不要經常做這個伸展動作，不管是訓練量與活動範圍都應適可而止。

風險

⚠ 如果在執行這個腹部伸展動作時，感覺下背疼痛，就需要諮詢醫生。

躺在抗力球上屈膝 90 度，雙腳張開固定在地面，雙臂在身體的延長線上伸直，放低臀部讓背部徹底延展。

每次大概做 30 秒到 1 分鐘的腹肌伸展。

變化動作

改成手臂彎曲的方式伸展。

伸展髖屈肌群

當過度伸展下背部，某種程度上會把腹部向前推，看起來史胖。而過度訓練你的髂肌與腰肌，是造成腹部向前推的一個原因，因為這些肌肉會影響骨盆的位置，所以適度伸展髖屈肌群可以幫助減少腰圍，並且避免下背椎間盤的夾擠。

骨盆的傾斜角度

一般來說，女性骨盆前傾的角度會比男性大（請比較左圖 AB 線段的傾斜角度），前傾的角度會讓臀部突出且讓恥骨較靠近雙腿之間，同時會對腹肌下部造成張力，使得女性的下腹看起來會比較突出。而男性的骨盆前傾較少，所以腹壁也通常較接近垂直。

女性的骨盆前傾可以在懷孕時保護子宮，讓腹壁共同分擔嬰兒的重量，避免對子宮造成過大的壓力。

腹肌與背肌的平衡

保持腹部肌群和背部豎脊肌群的平衡，是訓練的關鍵。長期過度或缺乏這兩處肌群的訓練會導致姿勢不良，長久以往會產生更多其他的問題。

舉例來說：如果豎脊肌下段過於發達（薦髂部分），同時腹肌又無力的情況下，會導致腰椎過度彎曲並使腹部鼓出下垂。當然這樣的姿勢問題，可以透過強化腹部訓練來得到改善。

相反的情況下，如果腹肌相當強壯，而背部豎脊肌無力，特別是上背的部分（胸半脊肌、胸最長肌、胸髂肋肌），會導致駝背（胸椎後凹圓背）以及腰椎曲線減少。當然這樣的不平衡，也可以透過矯正運動強化豎脊肌來改善。

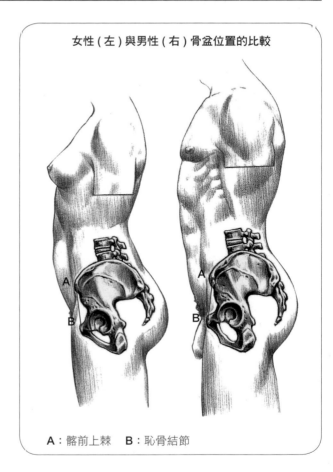

女性（左）與男性（右）骨盆位置的比較

A：髂前上棘　**B**：恥骨結節

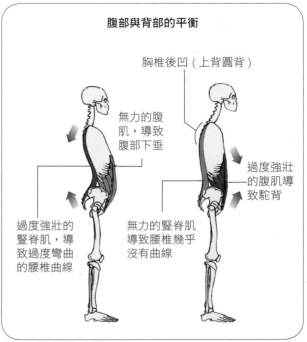

腹部與背部的平衡

胸椎後凹（上背圓背）

無力的腹肌，導致腹部下垂

過度強壯的腹肌導致駝背

過度強壯的豎脊肌，導致過度彎曲的腰椎曲線

無力的豎脊肌導致腰椎幾乎沒有曲線

髖屈肌伸展運動

1 弓步蹲

在維持上半身挺直的情況下，做弓步蹲可以伸展髖屈肌群。

雙腳併攏打直後，雙手放在髖部或大腿，有需要的話可以扶牆壁或椅子來保持平衡。一腿向前跨出成弓箭步 **1**，初學者的後腿可以稍微彎曲，後腿伸直可提高難度。視線與軀幹要轉成正面朝前 **3**。

前腿膝部彎曲使大腿降低，降得越低，髖屈肌與大腿越吃力。初學者降低的幅度不要超過 20 公分，熟練者可以下降到後腿膝部貼在地面 **2**。保持伸展髖屈肌 30 秒到 1 分鐘，然後換腿做。

注意

加強髖屈肌群伸展，要注意以下幾點：

- 後腿盡量伸直。
- 前腿向前跨大步。
- 上半身打直。

優點

弓步蹲可以伸展髖屈肌群，同時也是訓練下肢肌群 (包括股四頭肌、臀肌與股二頭肌等) 最好的動作。

缺點

一般容易上半身向前傾，或許會覺得比較好做，但更好的方式是一開始踏小步一點，以保持上半身直立。

風險

⚠ 弓步蹲會伸展到腰肌，腿跨得越遠就越容易過度伸展下背 (拱背)，尤其是當柔軟度比較不好的情況更嚴重。

股四頭肌
股直肌
股外側肌
股內側肌
股中間肌

髕骨

股二頭肌
短頭
長頭

臀中肌
臀大肌

下背的伸展

所有的日常活動都和脊椎息息相關，其中又以下背使用最頻繁（腰椎部分）。當重量壓在椎間盤會讓椎間盤中的液體向外擠，以吸收運動時的衝擊，這也可以解釋為什麼身高在晚上的時候可能會比白天矮約 1.3～2.5 公分。

在椎間盤脫水的情況下，背部就會更加脆弱不穩定，受傷的風險也會增加。

當你晚上躺下睡覺時，椎間盤受到的壓力就會降低，液體也會回流到正常的狀態。

然而，如果因為肌肉過度活躍，造成睡覺時肌肉仍然不能適當放鬆，不僅睡眠品質不好，脊椎的壓力也得不到釋放。在早上起床時，就會覺得身體疲憊，甚至會持續性的背痛。

預防下背痛

腹部的伸展運動可以幫助腰部區域放鬆，同時緩解下背疼痛。尤其晚上做脊椎放鬆的運動，可以改善睡眠品質，並幫助下背恢復。

從下頁開始會介紹兩種預防性的運動。

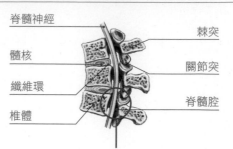

當脊椎移動時，椎體會擠壓椎間盤，導致髓核中的液體向後移動，過多的移動就會擠壓到脊髓神經，導致神經性疼痛。

脊髓神經／棘突／髓核／關節突／纖維環／脊髓腔／椎體

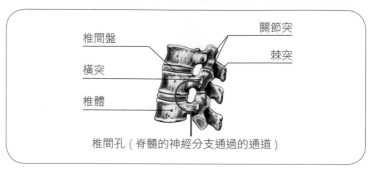

椎間盤／關節突／棘突／橫突／椎體

椎間孔（脊髓的神經分支通過的通道）

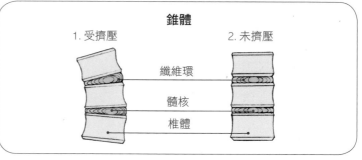

錐體

1. 受擠壓　　2. 未擠壓

纖維環／髓核／椎體

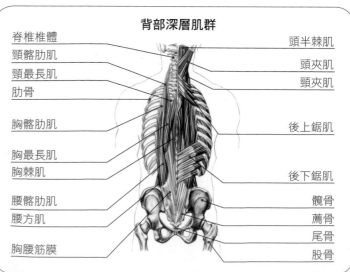

背部深層肌群

脊椎椎體／頭半棘肌／頸髂肋肌／頭夾肌／頸最長肌／頸夾肌／肋骨／胸髂肋肌／後上鋸肌／胸最長肌／胸棘肌／後下鋸肌／腰髂肋肌／髖骨／腰方肌／薦骨／尾骨／胸腰筋膜／股骨

下背伸展運動

1　抗力球放鬆伸展

這個運動可以幫助放鬆腹肌與背肌，並減少脊椎壓迫的力量。

🔹 **作法 1**

俯臥趴上抗力球，保持膝蓋微曲、腳尖著地，雙手自然放在兩側，如圖 **1**～**3** 保持伸展姿勢 30 秒到 1 分鐘，以減輕下背壓力。

優點

這個動作可以幫助下背肌肉放鬆。

缺點

一定要準備抗力球才能做這個運動。

風險

⚠️ 如果做背部伸展誘發任何下背不適，一定要諮詢醫生。

🔹 **作法 2**

仰躺在抗力球上，保持雙膝彎曲、腳掌平貼在地面維持穩定，雙手在頭部的延伸線上伸直放鬆。

試著把臀部向下滑，而手臂向遠處延伸，達到伸展下背的效果，同時放鬆腹背肌群 **4**。

下背伸展運動

2　單槓懸吊放鬆

這是一個靜態伸展下背的運動，也可以幫助腰椎減輕壓力。

雙手與肩同寬，正手抓握單槓（拇指相對）**1**。

優點

在懸吊的情況下，可以透過重力對脊椎達到類似牽引的效果，對於脊椎的恢復與睡眠都會有幫助。

缺點

需要有單槓才可以做這個運動。

風險

⚠ 如果做這項運動會誘發任何下背的不適，一定要諮詢醫生。

原本體重都是由雙腿支撐，慢慢轉換成以手臂支撐並放鬆背部，達到背肌伸展的效果 **2**。停在背部伸展約 30 秒，再將重量轉換到雙腿，回到開始位置。

實用小撇步

在伸展過程中，如果你發現脊椎並沒有自然延長，代表腰背肌肉仍然很緊，就需要多花一些時間去感受並學習放鬆。

有一種方法可以學習放鬆：先做一組腹肌運動，再立刻用單槓做懸吊。這是因為短暫的肌肉疲勞，可以幫助支撐脊椎的肌肉伸展放鬆。

變化動作

如果一開始讓手臂支撐的重量太重，有可能會導致背部肌群保護性的收縮，讓背肌無法放鬆。因此我們建議在訓練初期，可以轉移部份的體重讓雙腳去負擔，隨著能力上升再增加手臂的負荷。

a 腳尖觸地（小腿肚在身體後側朝上）。

b 腳跟觸地（大腿在身體前方）。

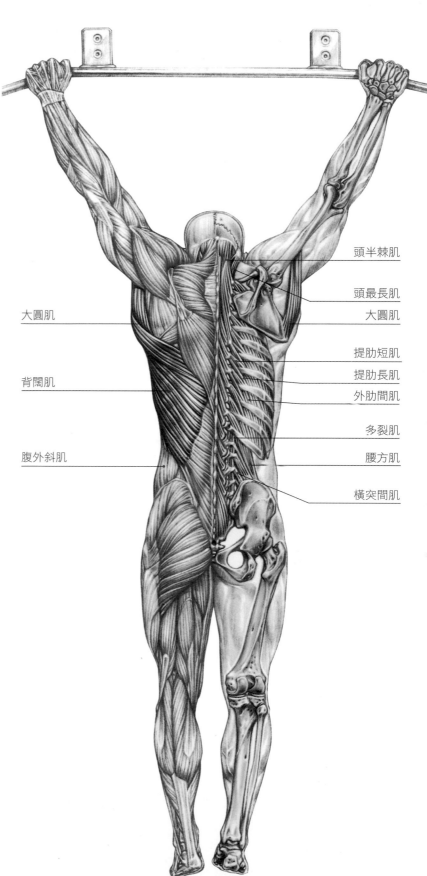

頭半棘肌

頭最長肌

大圓肌

大圓肌

提肋短肌

提肋長肌

外肋間肌

背闊肌

多裂肌

腰方肌

橫突間肌

腹外斜肌

第 4 篇
進階訓練與技巧

腹肌訓練的 3 大困難

配合良好的訓練計畫，腹肌在初期就會有顯著的進步，但在過了一開始幾個月的黃金期以後，進度通常會減緩，這時候就必須配合特別的訓練策略來突破高原期。

以下是影響腹肌的 3 個困難：

1. 下腹肌通常不如上腹肌強壯。

2. 訓練 6 塊肌的成果不夠好。

3. 腹壁張力不足，反而看起來肚子變大。

如何分別獨立出上腹肌與下腹肌的訓練

一般會有以下 3 個問題：

1. 是否有可能單獨訓練上腹肌或下腹肌？

2. 腹直肌的收縮是平均的，還是可以集中在上部或下部？

3. 訓練下腹肌會不會花了時間卻徒勞無功呢？

對大多數人來說，訓練上腹肌相對容易許多，通常上腹肌塊壘分明，而下腹肌則融合在一起像個小肚子。如果腹直肌的上下兩端都均衡的訓練，就可以減少這樣的落差。

解剖學上顯示腹直肌是可以分區段收縮，也就是腹肌的上半部與下半部是分開掌控的。撐起軀幹的動作以上腹肌為主，撐起骨盆的動作則以下腹肌為主。

由於下腹肌相對較難訓練，因此需要付出額外的心力。

結論

一般的腹肌訓練是上下端同時都會運動到，而進階訓練則應該以下腹肌為優先考量，因為：

- 下腹肌的訓練難度較高。

- 能更有力的支撐脊柱。

- 避免小腹鼓出來。

- 避免脂肪堆積在下腹。

為何下腹肌較難訓練？

腹直肌幾乎很難由上至下完整均勻的進步，尤其下腹肌的發展遲緩，通常有以下 5 個原因。

1. 下腹肌的徵召較為困難

下腹肌平常就較少用到，也不太參與腹肌運動，神經系統也較容易徵召到上腹肌。這可以從舉腿的動作中觀察到，這本來應該是由下腹肌開始啟動，卻通常是由上腹肌代償。

2. 下腹肌的肌力不足

即使我們做許多舉腿的運動，下腹肌還是很難達到上腹肌的強壯程度，而且在訓練的過程中，大腦很容易用髖屈肌群（腰肌與髂肌）去做代償，讓下腹肌更不容易使上力。

3. 獨立訓練下腹肌有難度

將下腹獨立訓練有其難度，尤其當負荷增加會更難執行，所以與腹部捲曲運動來比較，舉腿的技術難度較高，也更難掌握。

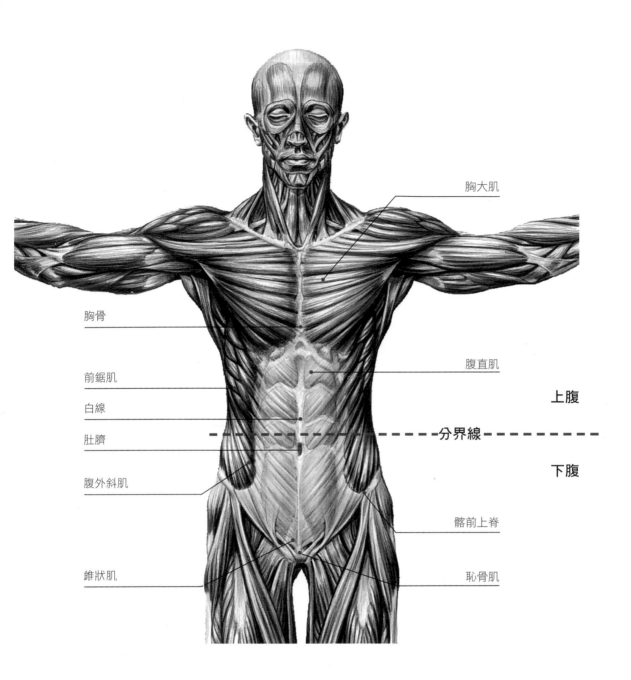

胸大肌

胸骨

前鋸肌

白線

肚臍

腹外斜肌

錐狀肌

腹直肌

上腹

分界線

下腹

髂前上脊

恥骨肌

4. 下腹肌本身並不強壯

下腹肌在日常生活中並不常使用，所以通常無法承受大量的訓練，而且也比較容易疲勞。

5. 許多下腹肌的訓練其實並不合適

許多號稱可以訓練下腹肌的運動，其實都不適當。當你躺下時，腹直肌下段最主要的功能是抬起臀部離地，而不是抬起大腿與腿部的動作。

🌀 全方位發展所需要的 3 個區塊

腹肌訓練可以分別獨立成以下 3 個區塊：

1. 下腹肌

2. 上腹肌

3. 軀幹旋轉肌群

在做腹部捲曲常見的錯誤，是只專注於上腹肌的訓練，而忽略其他兩個區塊。雖然你並不需要在一次運動中把三個區塊全都練到，但在編排課表時記得不要忽略任何一部份。

🌀 每個區塊相對的重要性

這三個區塊的重要性並不相同，通常最重要也最容易出問題的是下腹肌。若以觀賞性為考量，每個區塊的重要性如下：

• 下腹肌占 50%

• 上腹肌占 30%

• 旋轉肌群占 20%

比如說，你的訓練課表是由 10 組腹肌訓練組成，每週訓練 2 次，那麼三個區塊的訓練組數分配如下：

• 下腹肌訓練 10 組

• 上腹肌訓練 6 組

• 旋轉肌群訓練 4 組

這樣的分配可以幫助你得到均衡的發展，當然你也可以根據個人需求來分配組數。如果重點是消除腰間脂肪，那就要特別加強旋轉肌群的訓練，可以把課表改成：

• 旋轉肌群訓練 10 組

• 下腹肌訓練 6 組

• 上腹肌訓練 4 組

🌀 提前恢復增加訓練頻率

提前恢復可以讓腹肌與核心在還沒有完全恢復的情況下再次訓練，這種部分恢復的方式，可以幫助提高訓練的頻率並避免過度訓練，這種方式適合進階運動員想快速達到訓練成果的時候。

運用這種方法，首先在每次的訓練課表僅選擇一種腹肌動作，下次可以更換不同的腹肌動作。選擇單一訓練動作的好處是可以幫助恢復，當下次訓練更換動作時，就可以給上次的神經肌肉迴路較長的恢復時間。

對菁英運動員來說，建議盡量不要過度做相同神經肌肉動作的迴路，應盡量在每次訓練都更換不同的動作。

舉例來說，第一次訓練時以仰臥舉腿動作強化下腹肌，下一次訓練就改用腹部捲曲動作訓練上腹肌，這樣就可以讓上下腹肌有交互恢復的時間，可以讓訓練之間安排更加緊湊，因為你的神經肌肉連結可以有時間恢復。

如果你在同一個課表中同時訓練腹部捲曲和舉腿，就必須等兩個動作的神經肌肉連結都恢復才適合再訓練。

所以這裡有一個以下腹肌為主的訓練課表供參考：

• 第一週的第一次訓練，做 10 組下腹肌訓練。

• 第一週的第二次訓練，做 6 組上腹肌訓練搭配 4 組旋轉肌訓練。

• 第二週就重複上述課表。

上腹肌運動

1　兩頭腹捲

這個動作獨立訓練整塊腹直肌。相較於傳統腹部捲曲只專注於上腹肌，兩頭腹捲可以同時訓練到上下腹肌。

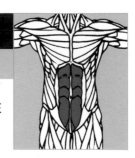

臀部抬離地面

🔸 仰躺屈膝、屈髖 90 度，把腳跟放在板凳上 ①。

🔸 同時抬起肩膀與臀部 ②，讓肩膀和髖關節互相靠近，在你感覺肩膀和部分腰椎離地的時候暫停，並用力收緊腹肌。

🔸 慢慢回到起始位置，然後再次開始。要避免任何突發的動作。

實用小撇步

因為要同時抬高臀部，所以上半身沒法像傳統腹部捲曲抬起相同的高度，通常只能做到肩膀離地，同時也要盡可能的抬高臀部。

注意在抬高臀部的時候，要避免腿後肌出力去代償，必須把意識集中在用下腹肌去抬起臀部，而肩膀則是用上腹肌的力量抬起。

變化動作

剛開始時，肩膀可以不用離地，只要專注在以下腹肌的力量抬起臀部，等到你掌握到骨盆的動作後，再搭配肩膀離地的動作。

注意

可以把手指放在下腹肌，幫助感受肌肉的收縮。

優點

兩頭腹捲可以帶給腹肌更完整的訓練，因為同時強調骨盆的活動，讓腹肌兩端可以縮得更短，刺激更大。

缺點

這項運動乍看很簡單，但其實很容易用到錯誤的肌肉去代償，反而對腹直肌造成反效果。

風險

⚠ 注意避免頸椎與腰椎的壓迫，動作要緩慢，而且不要有彈震的動作。

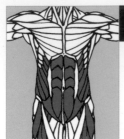

上腹肌運動

2　仰臥起坐

這個運動可同時訓練到腹部肌群與髖屈肌群。

🤚 採仰臥姿，雙手放在耳旁，請同伴幫助固定雙腳 **1**，也可以用腳扣住器械或槓鈴下端固定雙腳。

🤚 慢慢地抬起肩膀，讓軀幹和大腿靠近 **2**。保持這個姿勢並收緊腹肌，然後回到開始位置重新開始。操作過程中避免任何突然加速的動作。

🤚 下降的時候，也可以請同伴拉住你的背維持阻力 **3**。

- 收縮過程吐氣。
- 軀幹下降時吸氣。

實用小撇步

手擺放的位置會影響動作的難度，以下順序是由易到難排列（可參考 p.42）：

- 手在身體前方打直。
- 手放下胸。
- 手放肩膀。
- 手放頭後。
- 手在頭後伸直。

一開始做的時候可先將手的位置放在頭後，當感覺疲累時，再將手移到前方，這樣可以幫助你再多做幾下。

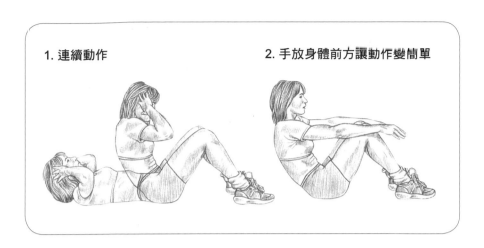

1. 連續動作　　　　　2. 手放身體前方讓動作變簡單

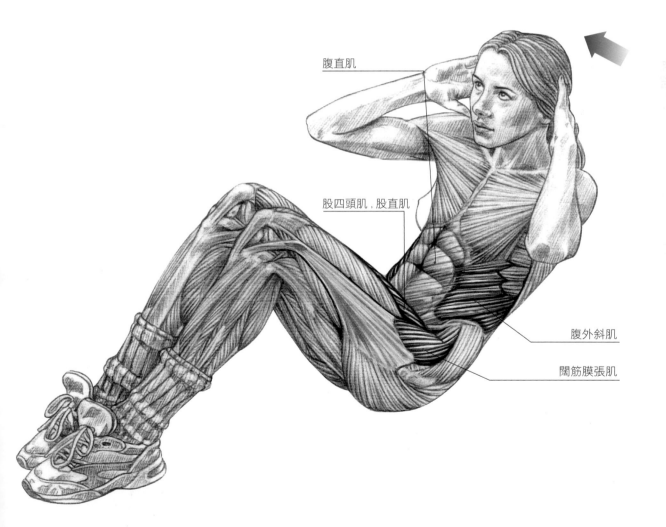

腹直肌

股四頭肌‧股直肌

腹外斜肌

闊筋膜張肌

變化動作

a 斜板椅可以幫助加強腹肌訓練的強度，把雙腳固定的位置越高，對腹肌的訓練強度就越大。

b 你也可以手持重物靠在頭後方，或持啞鈴靠在胸前，來增加對肌肉的阻力。

c 難度最高的是採頭下腳上的方式，穿重力鞋固定住雙腳並讓骨盆在中間。此動作主要鍛鍊到腹肌的中段（即所謂六塊肌的第二排）。

頭朝下倒掛也可以減輕脊椎的壓力，但若維持過久的時間，則可能誘發頭暈或心血管問題，尤其是剛開始還不習慣的時候。若身體狀況不許可，請避免此動作。

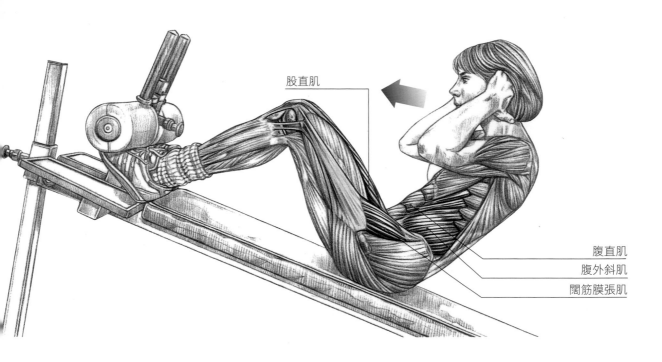

股直肌

腹直肌
腹外斜肌
闊筋膜張肌

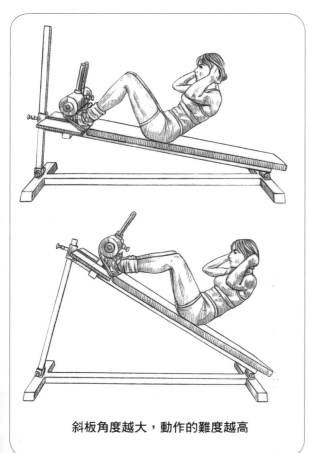

斜板角度越大，動作的難度越高

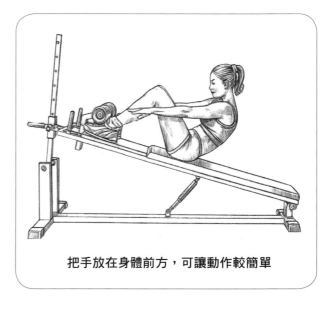

把手放在身體前方，可讓動作較簡單

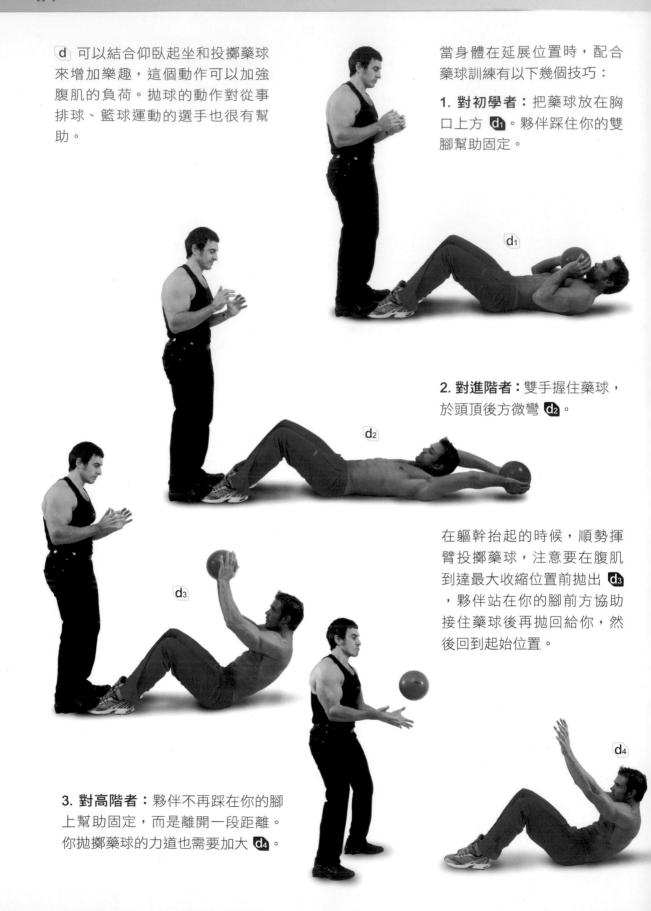

d 可以結合仰臥起坐和投擲藥球來增加樂趣，這個動作可以加強腹肌的負荷。拋球的動作對從事排球、籃球運動的選手也很有幫助。

當身體在延展位置時，配合藥球訓練有以下幾個技巧：

1. 對初學者：把藥球放在胸口上方 **d₁**。夥伴踩住你的雙腳幫助固定。

2. 對進階者：雙手握住藥球，於頭頂後方微彎 **d₂**。

在軀幹抬起的時候，順勢揮臂投擲藥球，注意要在腹肌到達最大收縮位置前拋出 **d₃**，夥伴站在你的腳前方協助接住藥球後再拋回給你，然後回到起始位置。

3. 對高階者：夥伴不再踩在你的腳上幫助固定，而是離開一段距離。你拋擲藥球的力道也需要加大 **d₄**。

e　除了雙腿屈膝 90 度的姿勢外，有些人也會用雙腿伸直的姿勢，這樣可以減少髖屈肌群的代償。

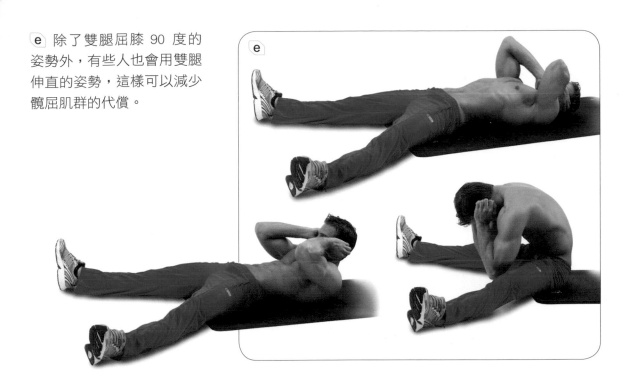

f　除了單純的腹部捲曲動作，也可以將右手肘捲向左膝的方向，增加腹斜肌的作功；反方向也是。以下兩種模式皆可：

- 軀幹旋轉每個反覆次數都左右交替。
- 軀幹旋轉朝向一側做一組，再朝另一側做一組。

注意

左右都完成才算一組，而不是算兩組。

g₁

g₂

g 旋轉運動也可以在斜椅上增加負重來操作。

1. 手臂彎曲操作較簡單 **g₁**。

2. 手臂打直操作較困難 **g₂**。

優點

仰臥起坐對於需要強而有力的髖屈肌的跑者相當有用，對於需要軀幹旋轉的運動項目，可以多做仰臥起坐搭配腹肌旋轉 (如本頁的動作)。

缺點

這項運動很容易受到髖屈肌的代償，當你感覺雙腿出的力量比軀幹還多，就代表腹肌參與得較少。

風險

⚠ 髖屈肌群的張力增加，腰椎也會受到壓力，只要感覺脊椎有任何一點不適，就不要做這個動作。

仰臥起坐會用到的肌群

髖屈肌群	腹肌把胸骨帶向骨盆
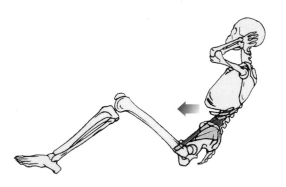	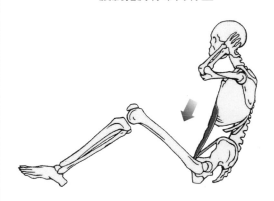
髂腰肌作功	腹直肌作功
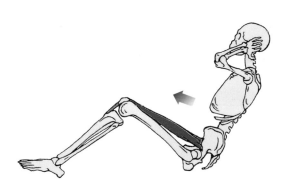	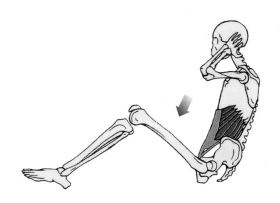
股直肌作功	腹外斜肌作功
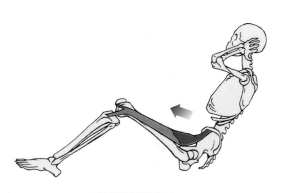	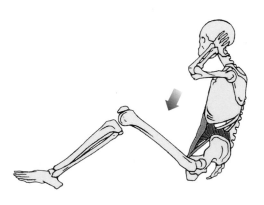
闊筋膜張肌作功	腹內斜肌作功

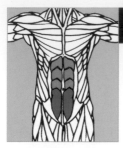

下腹肌運動

1　單槓懸吊骨盆後傾

這個動作可以讓你很快學會收縮下腹肌。

一開始雙手承受的張力不用太多，確實去感受如何用下腹肌出力。

臀部拉向後方時，下背稍微反屈，然後只用下腹肌出力，將臀部前移回到下背打直的位置（骨盆後傾）**2**。

常見的錯誤是用腿的推力去伸直下背。

隨著每組動作逐漸增加手臂的負荷，讓下腹肌感到更多張力。但也不要太依賴手臂的力量，那會徵召到其他應該放鬆的肌肉，而使得下腹肌無法學習正確的出力方式。

🖐 雙手與肩同寬，正握（拇指相對）懸吊在單槓上，雙腿在身體前方，膝部微屈使大腿與地面呈 120 度，腳尖碰地 **1**。如果單槓太高，腳踏不到地，也可用穩固的板凳墊在腳下。

🖐 不要用雙腿支撐全部的體重，而要讓雙臂承受部份的張力。改變腿的彎曲程度，可以調整出力的分配，例如膝部彎曲越大，則手臂承受的力量越大；腿伸得越直，手臂就越輕鬆。

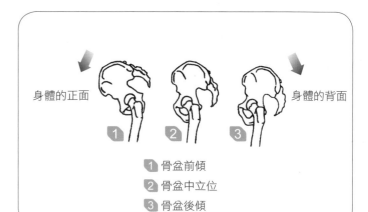

身體的正面　　身體的背面

1 骨盆前傾
2 骨盆中立位
3 骨盆後傾

下腹肌運動

2　舉腿

這項運動可以幫助你,快速掌握下腹肌的發力。

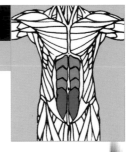

🫧 仰臥在地,臀部與牆保持約 30 公分距離,保持雙腿打直,腳跟靠牆 **1**。

🫧 運用下腹肌的力量,把腳舉向頭部的方向並與地面垂直 **2**,保持下腹肌的張力數秒後,再把腳跟靠回牆面。

🫧 這種小範圍的活動,可以幫助提高下腹肌的控制能力,避免髖屈肌群在運動時的代償。

腹肌強力收縮,將臀部抬起的難度更高

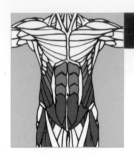

下腹肌運動

3 懸吊舉腿

這項運動可以訓練到整個腹壁，對下腹肌特別有幫助。在所有的舉腿運動中 (pp.46～51)，這是對抗阻力最大也是最困難的一個。

🔹 懸吊在單槓上，雙手正握（拇指相對）與肩同寬，雙腿抬高並彎曲成 90 度，大腿與地面平行 **1**（正面），**2**（側面）。

🔹 運用下腹肌的力量帶動骨盆，讓膝蓋朝向肩膀 **3**。盡可能抬高骨盆，於最高點收縮至少 1 秒，之後再回到開始位置。大腿放下時不要低於平行地面。

實用小撇步

這個動作最難的部分就是不可以甩動身體，因為吊在單槓上，沒有東西可以幫助你穩定，因此你必須需學習在這種情況下保持穩定，而且不靠身體擺動來完成。

可以藉由腹肌訓練帶 (p.94 下圖) 幫助雙手抓得更久，增加可完成的組數。

⚠️ 最常見的錯誤是大腿抬得太低。讓大腿平行於地面主要是靠髖屈肌群的力量，而將大腿從平行拉高到垂直或讓膝蓋靠近臉，才會專注在腹直肌的力量。

進階順序

在嘗試單槓舉腿的動作之前，你可以先從地板或平板躺椅開始練習，然後再用坐姿練習。當從坐姿轉換到用單槓仍覺太難，可以用腹肌上斜椅做為中繼。

斜椅的角度越大，下腹肌就會越強壯，假以時日就可以輕鬆完成在單槓上舉腿的動作。

股四頭肌，股直肌

闊筋膜張肌

腹直肌

腹外斜肌

變化動作

可由以下幾種變化中選擇：

a 改成直腿的方式（會提高難度）。

b 小腿貼近大腿（會降低難度）。

可以用組合的形式，先從直腿開始，疲勞時再改用彎腿增加反覆次數。

c 用雙腳夾住重量。

d 另一種減輕負荷的方式是一次只抬一腿，但如果你感受到任何下背的夾擠就不適合。

腹外斜肌

腹直肌

股四頭肌，股直肌

闊筋膜張肌

人腿外側筋膜

e 可以搭配腹肌訓練椅將手肘做好支撐，腹肌訓練椅相對於單槓會較為穩定與安全。

f 也可以使用腹肌訓練帶協助支撐手肘，會更加舒適。但由雙腿前到後擺盪會更困難，雖然訓練更有效果但難度也提高。

優點

這是對下腹肌最大負荷的訓練動作，可以幫助進步更快。

缺點

最大的問題是下腹肌的力量通常不大，因此很容易會用到髖屈肌群的代償，而一旦有代償的現象就會讓動作感覺相對簡單，所以初學者很容易出現動作不正確的情形，尤其是感覺到下背部的張力大時，就要注意可能做錯了。這個動作需要多花一些時間學習。

風險

⚠ 如果大腿低於水平，會使下背過度反曲而擠壓椎間盤，這樣會用到不對的肌肉，而且有危險性。

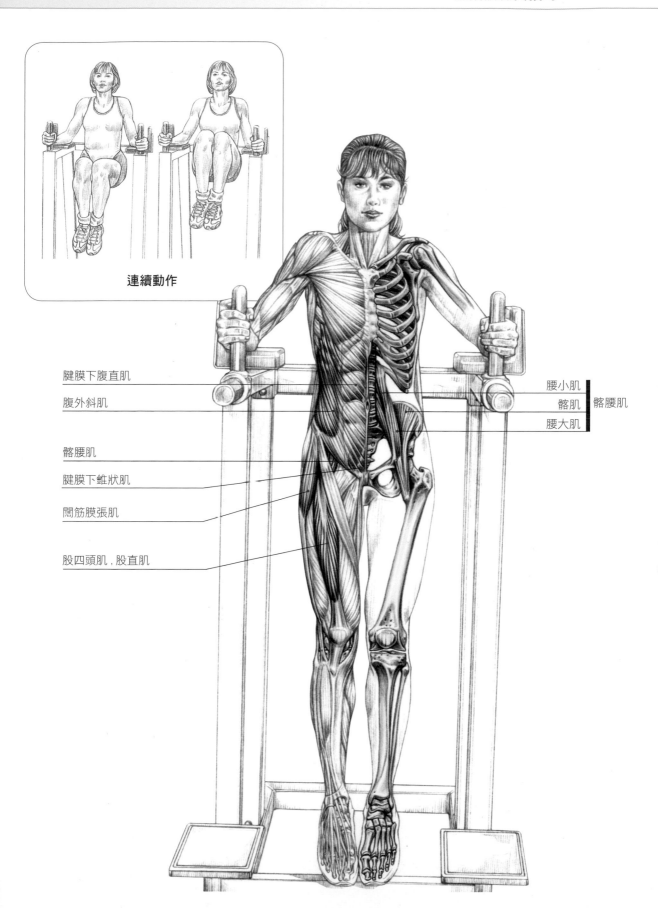

連續動作

腱膜下腹直肌

腹外斜肌

髂腰肌

腱膜下錐狀肌

闊筋膜張肌

股四頭肌．股直肌

腰小肌

髂肌

腰大肌

髂腰肌

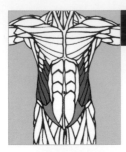

腹內外斜肌運動

1 | 懸吊舉腿側轉

這項動作主要訓練腹內外斜肌與腰方肌。

以正手握槓（拇指相對），雙手與肩同寬，把大腿舉高到與軀幹成 90 度與地面平行。

用腹斜肌的力量左右轉動髖部和大腿 **1**、**2**。盡可能把腿舉高，骨盆可以稍微前傾，左右交替，在收縮姿勢下維持約 1 秒鐘。

變化動作

ⓐ 如果對腹斜肌的負荷太大，可以改成一次只做一腿。

ⓑ 若直腿方式太難，也可以將小腿貼近大腿 (p.97) 降低難度。

ⓒ 當覺得難度太低的時候，可以在雙腳間加上負荷。

也可以採用組合訓練的方式：先做懸吊舉腿側轉，做到沒力再躺在地上繼續做舉腿側轉 (p.47)。

**小腿貼近大腿，
難度較低**

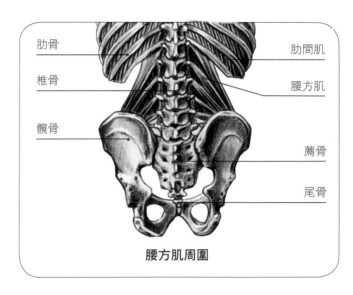

肋骨	肋間肌
椎骨	腰方肌
髖骨	薦骨
	尾骨

腰方肌周圍

d 用腹肌訓練椅，可以用手肘支撐體重。

實用小撇步

理想的做法是左右都完成才算一下，但這種方式有可能會讓你依賴動作的慣性去左右擺動，肌肉做功較少。因此比較好的方式是先做單側一組之後再換另一側做一組。

如果一開始肌力不足，可以使用滑輪機去協助完成訓練，等肌力提升後再來訓練舉腿動作。

f

優點

懸吊舉腿側轉對減輕脊椎壓力很有幫助，而且是少數可以訓練到腰方肌的動作，可以增強脊椎保護。

缺點

有些人一開始可能無法完成較多的次數，這時候可以請夥伴幫忙扶住雙腿以減少阻力。

如果在沒有夥伴的情況下，可以改用屈腿的方式執行，這樣只需要支撐大腿部分的重量。

風險

⚠ 為了避免椎間盤的傷害，不要甩動軀幹或猛然出力，應注意動作的節奏平穩。

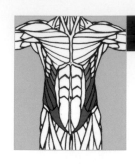

腹內外斜肌運動

2　仰臥轉體

這項運動可以強化腹內外斜肌與消除腰間脂肪。

🔵 仰臥，雙手張開維持穩定，屈膝屈髖 90 度 **1**，開始向左轉動下肢，一開始的角度小一點 **2**，在不會感到任何不適的情況下，隨著每下反覆次數增加活動的範圍。

🔵 停在肌肉拉長的位置後，再讓膝蓋回到起始位置 **3**，在膝蓋回到軀幹中線前維持固定的張力，完成左邊的次數後再換右邊。

實用小撇步

當你向左旋轉時，臀部右側會離開地面，但要保持臀部左側貼住地面。過程中頭部保持中立，頸椎維持不動。

優點

仰臥轉體是最適合消除腰間脂肪的運動。

缺點

如果有下背相關傷害，則不適合做這項運動。

風險

⚠️ 轉體的範圍過大容易受傷，可以先從小範圍慢動作的方式習慣動作，再逐漸加大活動範圍。

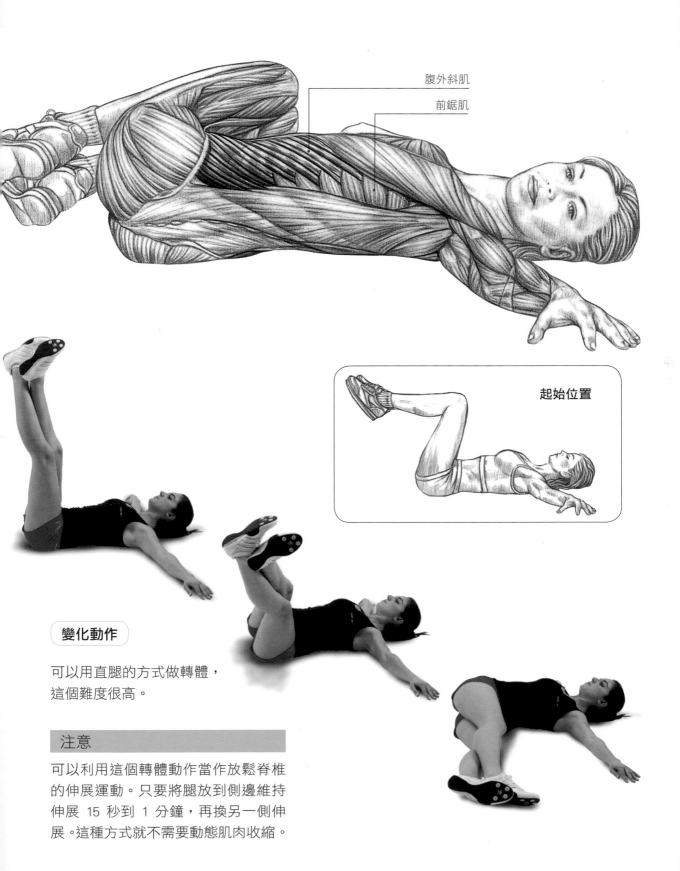

腹外斜肌

前鋸肌

起始位置

變化動作

可以用直腿的方式做轉體，
這個難度很高。

注意

可以利用這個轉體動作當作放鬆脊椎
的伸展運動。只要將腿放到側邊維持
伸展 15 秒到 1 分鐘，再換另一側伸
展。這種方式就不需要動態肌肉收縮。

第 5 篇
配合機台、
輔助器材的運動

設計良好的腹肌訓練輔助器材，關鍵在於提供訓練時的正確動作軌道，而這正是訓練者最難以控制之處。

使用機台的好處在於可省去學習控制動作的時間，能專注於訓練的效果，但很多人常常會淪為一些設計不良機台的受害者，尤其有的動作軌道會強迫軀幹直接朝向大腿對折。

如果機台本身沒有良好的軌道，訓練者用起來會覺得不舒服，甚至造成運動傷害。而設計良好的機台可以幫助你的脊椎正確彎曲，帶動肩膀朝向下腹方向，而不是朝向膝蓋。

居家訓練器材

許多電視或網路廣告宣稱某某健身器材操作簡單，讓你輕輕鬆鬆就能擁有美麗的腹肌。然而，那些過於美好的事物大多都是假象。

並不是說這些器材完全沒用，而是你應該謹記獲得強壯肌肉的關鍵：包括訓練與飲食，都需要堅強的意志與毅力。

能夠在家裡準備一台訓練器材當然很方便，就可以省下去健身房的時間，然而大部份的居家器材都過度強調趣味性，而不是適用性與品質。

這些器材的擴充性多半極有限，當你變得更強壯之後卻沒辦法繼續增加負荷，或者剛開始覺得好玩，幾次之後就束之高閣，當然也就不會有效果。

健身房專業機台

健身房內的專業機台有以下特性：

1. 提供良好的動作軌道。

2. 可有效將困難的動作，拆解成不同的機台來訓練。

3. 可以因應你的訓練強度，提供不同的阻力。

以在地面的徒手訓練來說，比較難以挑戰更大的負荷，即使只增加少量的負荷都可能讓身體的重心位置偏移，而影響腹肌出力的位置，甚至會導致髖屈肌群參與代償運動。

再者，使用健身房的專業機台最主要的缺點就是要加入會員，以及往返路上的時間花費。如果你只想鍛鍊腹肌與核心肌群，用不到訓練其他部位的機台，那其實在家裡練也可以。

一定要記得，不論是使用居家健身器或是健身房的專業機台，都可以幫助你練好腹肌，重要的是選擇設計良好的器材，並依照正確的動作做訓練。

上腹肌運動

1　機台腹捲

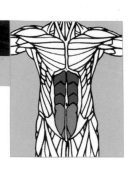

這個運動可以訓練整個腹壁肌肉，特別強化上腹肌。

腹捲訓練機台通常有以下三種類型：

⬤　第一種類型：採坐姿上機台，坐下之前先調整適當的座椅高度，下肢固定不動，上半身向前傾斜，腳掌平放在地面或是勾在機台的固定端。

通常雙腳固定得越穩固，越容易讓髖屈肌群參與運動，但固定下肢可以幫助你在做大重量的時候不會摔到機台外。

雙手抓住機台上方的把手，用腹肌的力量（不是靠臂力）去捲動軀幹，當感覺到腰椎開始彎曲的時候就可以停止，然後慢慢地回到起始位置，但不要讓軀幹完全打直，繼續做下一個反覆次數。記住要避免任何突然加快的動作。

⬤　第二種類型：一樣是採坐姿，但下肢可以抬起並未被機台固定。在軀幹前傾的同時，下肢也可靠近身體。不要讓下肢的移動範圍大過軀幹的移動範圍，避免用到髖屈肌群去代償。除了上述的差異之外，用法和第一種類型的機台相同。

⬤　第三種類型：以仰臥的方式躺上機台，背部固定在椅墊上。這種機台適用於比較進階的腹捲動作，靠手肘去支撐，用鐘擺的方式去調整負荷，基本上和徒手腹部捲曲動作很相近。

第一、二種類型的差別在於下肢是否固定不動

腹外斜肌
腹直肌
股四頭肌，股直肌
闊筋膜張肌

優點

高負荷的訓練可以透過機台來達成，對於需要同時增加腹肌與髖屈肌群肌力的運動員來說，機台可以有很大的幫助。

缺點

在許多不同世代的訓練機台中，通常設計不良的機台佔較多數。

風險

⚠ 不要讓機台過度伸展下背，反覆伸展下背會損傷椎間盤，訓練過程中保持下背微微前傾的張力。

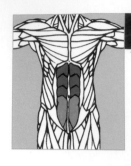

上腹肌運動

2　抗力球腹捲

這是傳統腹部捲曲的進階型態。透過抗力球可以有以下三個好處：

● 比平坦的地面提供更好的腰椎支撐，因為抗力球會順應脊椎的彎曲形狀。

● 可以提供腹捲更大的伸展範圍。

● 會刺激腹肌收縮得更多，因為抗力球會在你起身時被壓扁，需要更用力彎曲腰椎。

　　背部中段躺在抗力球上，雙腿彎曲、腳掌平放地面、雙手放在耳旁，放鬆時肩膀和臀部會向背部彎曲，保持貼在抗力球上 **1**。

　　用腹肌的力量帶起肩膀 **2**，在開始感覺腰椎離開球的位置停住，感受腹肌在這個位置的收縮，然後慢慢回到開始位置。避免任何突然加速的動作。

實用小撇步

最好將抗力球放在穩定之處，不會隨著你的身體移動而跑位，或者也可以請夥伴協助固定 **3**。

變化動作

a 你也可以使用半圓平衡球 (BOSU ball)，效用與抗力球相同，而且穩定性更好，不會從球上滾下來。

b 抗力球也相當適合訓練軀幹側轉，可以讓軀幹活動範圍更大，得到完整延展。比在地面訓練的效果好，但要注意如果球沒有良好固定會很容易滑掉。

優點

抗力球腹捲的活動範圍比傳統腹捲更大，可以提高訓練效率。

風險

⚠ 不要過度做抗力球的腹肌伸展，如果球沒有固定好，很容易翻跟斗。

c 要達到最大的活動範圍，可以在抗力球上用仰臥起坐取代腹捲動作。

d 如果沒有準備抗力球，也可以用長凳替代。身體仰臥方向與長凳垂直，讓大部份的軀幹與臀部在長凳外騰空。

如此可以增加腹捲的活動範圍，但是做起來會相對較不舒服，對背部的支撐也不如抗力球好。

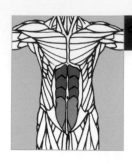

上腹肌運動

3 搖搖椅腹捲

這個機台可訓練到整個腹壁，而且對腹直肌上半部特別有幫助。

▶ 仰臥在搖搖椅上，腿彎曲、腳掌平放地面後，將手放在機台上端，頸部靠緊護墊。

▶ 慢慢捲曲軀幹，把肩膀帶離地面，然後讓搖搖椅幫助你矯正腹捲的軌道。過程中盡可能抬高肩膀，但要保持腰椎貼在地面。

在最高位置停住，用力收縮腹肌，再慢慢回到起始位置。過程中注意避免任何加速動作。記得在腹部收縮時吐氣，降低軀幹放鬆時吸氣。

實用小撇步

注意要用腹肌的力量而不是靠手臂來抬起軀幹，所以手臂僅輕輕扶在把手上不用出力。到最後腹肌快沒力時，再靠手臂的力量多做幾下。

變化動作

a 請夥伴輕壓搖搖椅的手把，增加腹捲的阻力。

b 用側躺的方式，加強腹斜肌的訓練。

c 如果覺得阻力太小，可以在頭和護墊間夾一塊槓片，在槓片上鋪毛巾較舒適，但要注意避免槓片滑動而在運動過程中傷到頸椎。

優點

馬上就能感受到腹肌的收縮。

缺點

當然你必須要先有腹肌搖搖椅才能訓練，但許多人即使有這個器材，也未必知道怎麼正確運用。

風險

⚠ 只要你要用任何慣性甩動去做這項運動，搖搖椅是非常安全的器材。不過一旦你過度依賴手臂力量去推，而軀幹卻沒跟上動作，對頸椎可能會造成揮鞭式傷害。

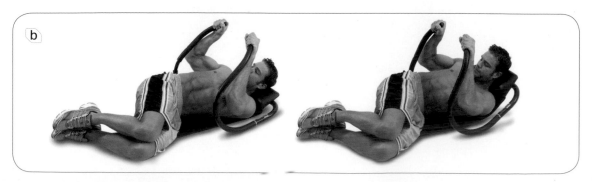

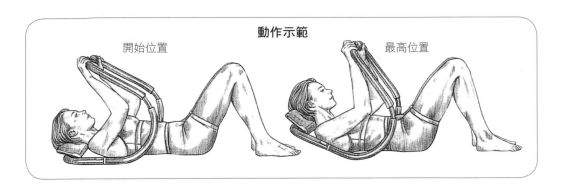

動作示範

開始位置　　　　　　　　　　　　最高位置

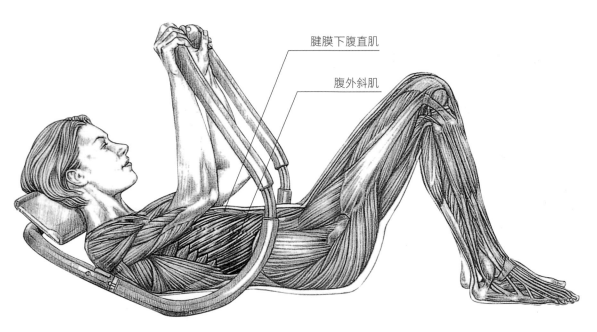

腱膜下腹直肌

腹外斜肌

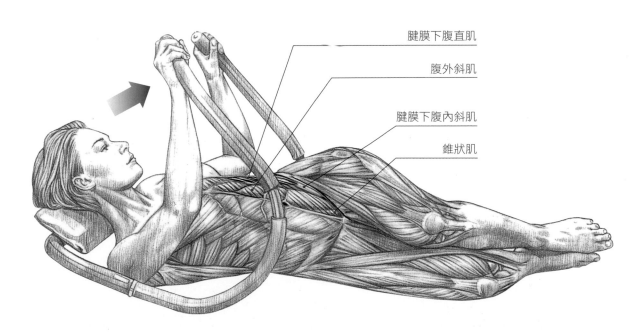

腱膜下腹直肌

腹外斜肌

腱膜下腹內斜肌

錐狀肌

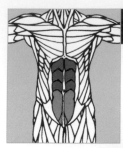

上腹肌運動

4 站姿滑輪腹捲

這個動作訓練整個腹壁,且對上腹肌特別有效。

 站在滑輪機的前方,掌心朝向身體握住滑索的把手 。

變化動作

在滑輪機前方改成跪姿(見下一頁圖)操作,雙手正握橫桿(拇指相對)。動作過程中稍微含胸,讓軀幹微微前傾再做跪姿滑輪腹捲。

每次彎腰幅度約 20 ～ 30 公分 ②,然後停在收縮位置,再慢慢回到開始位置,過程中保持上背微彎。過程中不要有任何加速猛拉的動作。

實用小撇步

當覺得沒力時,要避免利用身體左右搖晃來代償。

優點

滑輪機可以方便調整訓練的阻力。

缺點

如果超過一定的負荷,在回復站立姿勢時,會很難維持腹捲的正確軌道與平衡。

風險

⚠ 如果你被過重的負荷拉著走,那就會有運動傷害的風險。

腹外斜肌

腹直肌

錐狀肌

跪姿滑輪腹捲

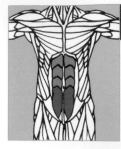

下腹肌運動

1 腹肌海盜船

這種適合居家準備的訓練器材，是針對整個腹壁做訓練，尤其可強化下腹肌。健身房也可能有這個器材。

🔘 雙膝跪在器材座墊上，雙手抓住握把，手肘也固定在靠墊 **1**。用下腹肌的力量帶動下肢在軌道上滑動，不要用大腿的力量，腹肌盡量收縮拉高下肢 **2**。

🔘 想像將下腹肌盡量帶向胸部，雖然不太可能碰到，但維持這個專注的意念，可以幫助你做得更好。在最高的位置盡力收縮下腹肌。放下雙腿時，在大腿與地面垂直之前停住，不要完全放鬆以保持腹肌的持續張力。

變化動作

ⓐ 如果覺得雙腿同時做的難度太高，可以嘗試單腳著地降低阻力。

實用小撇步

腹肌海盜船的用途是提供正確的軌道以訓練下腹肌，但我們卻常看到示範動作的教練用大腿的力量去滑動，那就失去意義了。

最常見的錯誤是把所有的重量都放在座墊上，這樣會導致你用髖屈肌群去代償較無力的下腹肌。

應該善用雙臂的力量抓住握把分擔體重，減少腹肌的負荷，如此才能把動作做正確。

等抓到下腹肌出力的訣竅後，再讓下腹分擔更多的體重。

b

c

b 隨著肌力進步，有以下兩個選擇可以提升難度：

* 在座墊下增加負荷。
* 請夥伴推住你的膝蓋以增加阻力。

優點

這種佔地小的器材，適合居家使用，只要在動作正確的前提下，腹肌海盜船確實能幫助強化下腹肌。

缺點

這種居家訓練器材與專業機台還是有差別，通常無法負荷太高的體重而影響順暢度。

風險

⚠ 如果你的控制能力還不是很好，可能會有下背過度伸展的風險，尤其是在動作結束階段下降太快時。要注意過程中維持腹肌的持續張力以控制下降的速度。另外，在做這個動作時常常會忘記呼吸，必須注意適時的吐氣放鬆。

c 調整座墊角度斜向一邊，這樣可以強化腹內外斜肌。

注意

眼睛在整個運動的過程中不要向上看，保持頭部前傾、頸椎不動，會讓動作做得更好。

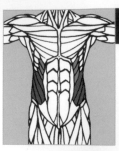

腹內外斜肌運動

1 | 滑輪轉體 (使用機台或彈力帶)

這是針對腹內外斜肌的運動,可以消除腰間脂肪。
要做單側訓練,才會有明顯的效果。

調整滑輪到中等高度,站在滑輪左側,向左轉身以雙手握住握把,然後雙腳向右移動與機台拉開距離 1。雙腳分開站,維持身體穩定。

開始時,由左到右旋轉軀幹,轉的角度不要超過側邊 45 度 2、3。完成一側訓練後再換邊。

實用小撇步

如果不提供側邊的阻力,單純轉體是沒有效果的,傳統揹槓轉體的動作其實沒有訓練到腹斜肌,反而由於槓的重量會對腰椎施壓而造成傷害。

如果滑輪定在較高的位置會訓練到腹內斜肌,定在較低的位置則訓練到腹外斜肌。

變化動作

a 如果你使用的滑輪無法調整高度,也可以在低位用跪姿的方式訓練。

b 有些機台專門設計來訓練轉體(見下頁圖),要注意使用時剛開始必須慢慢來,避免任何加速的動作損傷椎間盤。

c 在沒有滑輪機的情況下,可以將彈力帶固定後做轉體訓練。

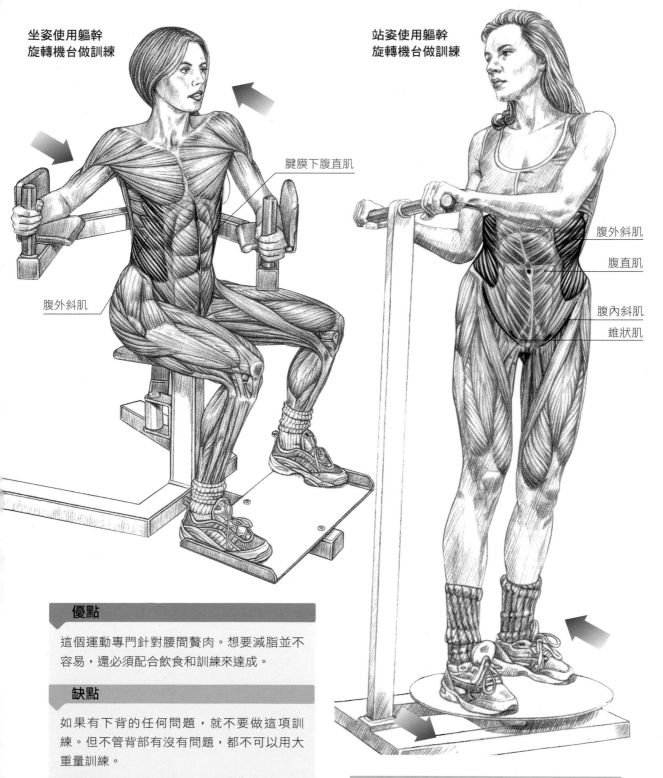

坐姿使用軀幹
旋轉機台做訓練

站姿使用軀幹
旋轉機台做訓練

腱膜下腹直肌

腹外斜肌

腹外斜肌

腹直肌

腹內斜肌

錐狀肌

優點

這個運動專門針對腰間贅肉。想要減脂並不
容易，還必須配合飲食和訓練來達成。

缺點

如果有下背的任何問題，就不要做這項訓
練。但不管背部有沒有問題，都不可以用大
重量訓練。

風險

⚠ 不要大範圍轉體或突然加速，應以緩慢的
速度感受腹斜肌，而不是去扭轉脊椎。

注意

這項訓練應該以慢速、高組數的方式（1 組
25 下），如果想要效果好一點，可以每天
做 2～4 組，組間不休息。

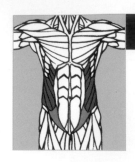

腹內外斜肌運動

2 | 側彎訓練

這是針對腹內外斜肌的單側運動,可以消除腰間脂肪,
要維持持續的張力才有訓練成效。

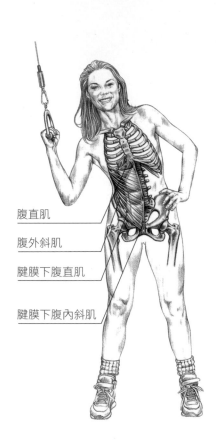

腹直肌

腹外斜肌

腱膜下腹直肌

腱膜下腹內斜肌

a

站在高拉滑輪機側邊,
用右手抓住握把,左手放
在髖部幫助平衡,向旁邊
站開一小步距離。

向右側彎但不超過 45
度,每下確實停在完成的
位置收縮腹斜肌。完成一
側的組數再訓練另一側。

變化動作

a 使用壺鈴或啞鈴:手握壺
鈴或啞鈴可以提供側彎阻力,
但要注意側彎訓練其實對下
背部是相當大的負荷,如果
不是需要強壯側彎肌力的運
動項目,其實負荷不用太大。

最事倍功半的訓練方式是用
左右兩手握住壺鈴或啞鈴交

替甩動,這種方式是依賴
擺盪的慣性而不是腹肌的
力量,更糟的是會對腰椎
造成過多的壓力。

b 使用低位滑輪:把滑
輪改成由下往上拉會變得
較為容易,但由下往上的
拉力會對脊椎造成較多壓
迫。相反由高往低拉的方
式,對腰椎較放鬆。

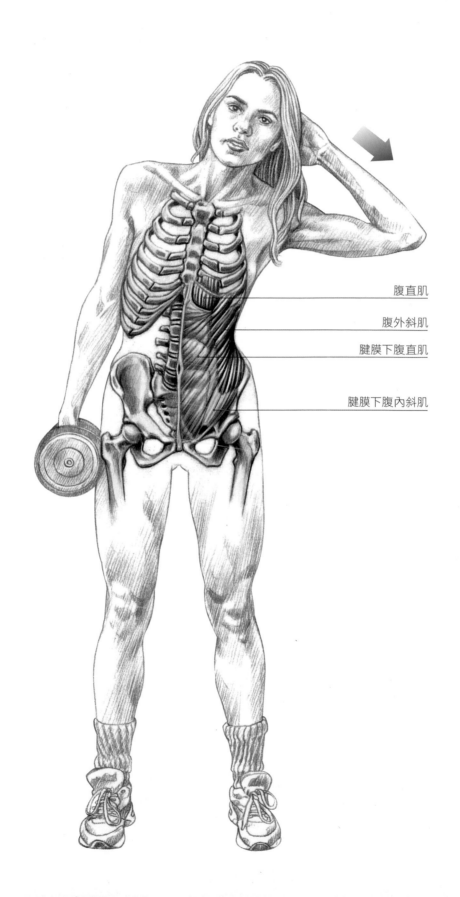

腹直肌

腹外斜肌

腱膜下腹直肌

腱膜下腹內斜肌

c 使用彈力帶可提供持續穩定的阻力。要感受腹斜肌出力,而不是用手臂來回拉彈力帶。

優點

有力的腹內外斜肌,對許多需要腹肌力量或軀幹扭轉的運動項目很重要,側彎是有效的訓練方法之一。

缺點

對多數健身者來說,做側腹捲等運動就足夠了,再做側彎訓練就顯得多餘。

風險

⚠ 做太多側彎訓練會對椎間盤造成壓力,須注意過程中速度穩定且保持肌肉張力,而且活動範圍要小。

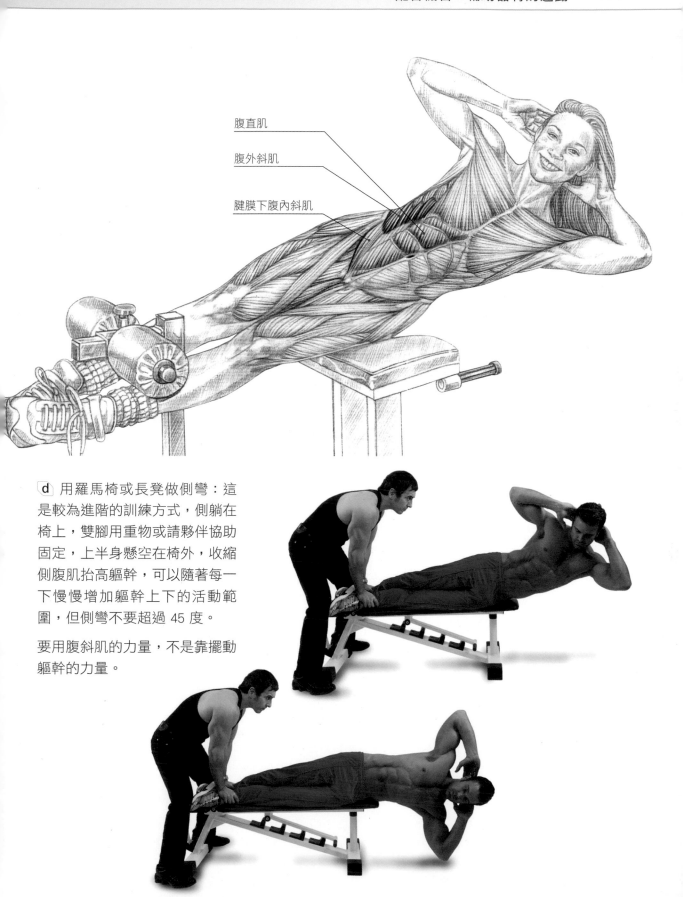

腹直肌

腹外斜肌

腱膜下腹內斜肌

d 用羅馬椅或長凳做側彎：這是較為進階的訓練方式，側躺在椅上，雙腳用重物或請夥伴協助固定，上半身懸空在椅外，收縮側腹肌抬高軀幹，可以隨著每一下慢慢增加軀幹上下的活動範圍，但側彎不要超過 45 度。

要用腹斜肌的力量，不是靠擺動軀幹的力量。

第6篇
腹肌訓練課表

六塊肌訓練課表

如何將腹肌訓練結合到全身性訓練課表中

將腹肌訓練納入一般體能訓練課表中的幾項選擇：

1. 訓練課表開始的時候，用腹肌訓練當作暖身。

2. 在訓練結束後，結合背部減壓一起做。

3. 每次課程的開始和結束，都納入腹肌訓練以增加運動量。

4. 因為需要的器材少，每天早上或傍晚在家就可以做腹肌訓練。

5. 在訓練其他肌群的課表前後，都可以加上腹肌循環訓練，讓燃脂效果更好。

選項 1 和 2 適合初學者，隨著能力上升可以增加訓練次數；中階訓練者可以選擇 3；如果是進階運動員，那就可以多嘗試將腹肌訓練整合到居家活動，或每次訓練課程的前後。

初學者課表

每週訓練 1 次

● **腹部捲曲**　　　　　　　　p.40
　5 組，每組 20～15 下
　組間休息 30 秒

每週訓練 2 次

● **腹部捲曲**　　　　　　　　p.40
　4 組，每組 20～15 下
　組間休息 30 秒

● **仰臥舉腿**　　　　　　　　p.46
　2 組，每組 12～8 下
　組間休息 45 秒

每週訓練 3 次

● **腹部捲曲**　　　　　　　　p.40
　3 組，每組 20～15 下
　組間休息 30 秒

● **仰臥舉腿**　　　　　　　　.46
　3 組，每組 12～8 下
　組間休息 45 秒

p.40

p.40

p.46

p.40

p.46

進階課表

每週訓練 3 次

🔹 **懸吊舉腿**　　　　　　　p.90
　4 組，每組 12～8 下
　組間休息 45 秒

🔹 **腹部捲曲**　　　　　　　p.40
　3 組，每組 15～10 下
　組間休息 30 秒

🔹 **側腹捲**　　　　　　　　p.40
　2 組，每組 30～20 下
　左右側交換時不休息

每週訓練 4 次

🔹 **懸吊舉腿**　　　　　　　p.90
　3 組，每組 12～8 下
　組間休息 45 秒

🔹 **腹部捲曲**　　　　　　　p.40
　3 組，每組 15～10 下
　組間休息 30 秒

🔹 **側腹捲**　　　　　　　　p.56
　2 組，每組 30～20 下
　左右側交換時不休息

每週訓練 5 次

🔹 **懸吊舉腿**　　　　　　　p.90
　3 組，每組 12～8 下
　組間休息 45 秒

🔹 **兩頭腹捲**　　　　　　　p.79
　3 組，每組 12～8 下
　組間休息 30 秒

🔹 **側腹捲**　　　　　　　　p.56
　2 組，每組 30～20 下
　左右側交換時不休息

p.90　p.40　p.56　p.90　p.40　p.56　p.90　p.40　p.56

高階課表

每週訓練 3 次

● **懸吊舉腿**

15～8 下
做到力竭後，搭配下面的仰臥舉腿。

● **仰臥舉腿**

5 組，組間休息 1 分鐘
每組盡可能做到最大反覆次數

● **兩頭腹捲，並在軀幹增加負荷**

12～8 下，做到力竭放下負荷後，
馬上繼續做下面的腹部捲曲

● **腹部捲曲**

5 組，組間休息 45 秒
每組盡可能做到最大反覆次數

● **側腹捲**

5 組，每組 20～15 下
左右側交換時不休息

每週訓練 4 次

Workout 1

● **直腿懸吊舉腿**

15～10 下，力竭時彎腿再做，
馬上繼續下面的仰臥舉腿

● **仰臥舉腿**

6 組，組間休息 1 分鐘
盡可能做到最大反覆次數

● **側腹捲**

5 組，每組 20～15 下
左右側交換時不休息

● **滑輪轉體**

1 組向左、1 組向右交替，
左右完成算 1 組
左右側交換時不休息
5 組，每組 20～15 下

Workout 2

● **兩頭腹捲，並在軀幹增加負荷**

25～8 下，力竭後放下負荷，
馬上接著做下面的腹部捲曲

● **腹部捲曲**

6 組，組間休息 45 秒
盡可能做到最大反覆次數

- **轉體腹捲**　　p.54

  5 組，20～15 下
  左右側交換時不休息

- **滑輪轉體**　　p.112

  1 組向左、1 組向右交替，
  左右完成算 1 組
  左右側交換時不休息
  5 組，每組 20～15 下

Workout 3：重複 Workout 1、2 循環

每週訓練 5 次

Workout 1

- **直腿懸吊舉腿**　　p.92

  15～10 下，力竭後彎腿再做，
  馬上接著做下面的仰臥舉腿

- **仰臥舉腿**　　p.46

  5 組，組間休息 1 分鐘
  盡可能做到最大反覆次數

- **側腹捲**　　p.56

  4 組，每組 20～15 下
  左右側交換時不休息

- **滑輪轉體**　　p.112

  一組向左、一組向右交替
  4 組，每組 50～30 下
  左右側交換時不休息

Workout 2

- **兩頭腹捲，在軀幹增加負荷**　　p.44

  12～8 下，力竭後放下負荷，
  馬上接著做下面的腹部捲曲

- **腹部捲曲**　　p.40

  5 組，組間休息 1 分鐘
  盡量做到最大反覆次數

- **轉體腹捲**　　p.54

  4 組，每組 40～25 下
  左右側交換時不休息

- **滑繩轉體**　　p.112

  一組向左、一組向右交替
  4 組，每組 50～30 下
  左右側交換時不休息

Workout 3：重複 Workout 1、2 循環

p.54
p.112
p.92
p.46
p.56
p.112
p.44
p.40
p.54
p.112

居家訓練：使用抗力球

初學者課表

每週至少訓練 2 次

- **抗力球腹捲** p.104

  3 組，每組 20～15 下
  組間休息 30 秒
  休息同時可以做下面的抗力球
  腹肌伸展

- **抗力球腹肌伸展** p.71

- **抗力球腹捲側轉** p.105

  2 組，每組 15～12 下
  做完右側轉體，再做左側轉體
  左右側交換時不休息

進階課表

每週至少訓練 3 次

5 個不休息的循環

結合下面的動作做循環訓練：

- **抗力球腹捲** p.104

  20～15 下到力竭
  接著在地面做腹部捲曲結束這一組

- **抗力球腹捲側轉** p.105 b

  15～12 下向右側轉體
  力竭後結束這一組

- **地面側轉體** p.54

  移到地面做左側轉體

完成 5 組循環之後，做下面的運動
結束這次訓練：

- **抗力球放鬆伸展** p.71

居家訓練：使用腹肌海盜船

初學者課表

每週至少訓練 2 次

- **腹肌海盜船** p.110
  3 組，每組 12～8 下
  組間休息 30 秒

- **腹肌海盜船側轉** p.111 c
  2 組，每組 10～8 下
  做完右側轉，再做左側轉
  左右側交換時不休息

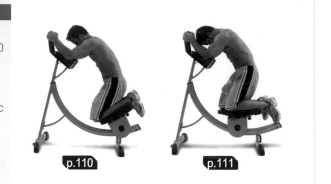

p.110　　p.111

進階課表

每週至少訓練 3 次

- **腹肌海盜船** p.110
  每組 12～8下到力竭
  馬上接著做下面的仰臥舉腿

- **仰臥舉腿** p.46
  盡可能做到最大反覆次數
  5 組，組間休息 45 秒

- **腹肌海盜船側轉** p.111 c
  每組 10～8 下到力竭
  馬上接著做下面的側腹捲

- **側腹捲** p.56
  盡可能做最大反覆次數
  3 組，左右側都完成 1 組可休息 15 秒

p.110　　p.46

p.111　　p.56

居家訓練：使用腹肌搖搖椅

初學者課表

每週至少訓練 2 次

- **搖搖椅腹捲** p.106
  5 組，每組 25～15 下
  組間休息 20 秒

p.106

進階課表

每週至少訓練 4 次

- **搖搖椅腹捲**   p.106

  5 組，每組 35〜25 下
  組間休息 15 秒

- **搖搖椅側腹捲**   p.106 b

  3 組，每組 20〜15 下
  左右側交換時不休息

p.106

p.106

健身房機台訓練

初學者課表

每週至少訓練 2 次

- **機台腹捲**   p.103

  5 組，每組 25〜8 下
  組間休息 30 秒
  每組漸增負荷

p.103

進階課表

每週至少訓練 3 次

- **懸吊舉腿**   p.90

  4 組，每組 12〜8 下
  組間休息 45 秒

- **機台腹捲**   p.103

  3 組，每組 15〜8 下
  組間休息 30 秒
  每組漸增負荷

p.90

p.103

減少肚子脂肪訓練

這個訓練專門為想要雕塑腹肌、減少脂肪與腰圍的人設計，白天與晚上都可以執行，增加一整天身體代謝的速率。動作的節奏會比一般訓練來得快，但同樣要避免突然加速的動作，尤其是下背的部分。

初學者課表

每週訓練 3 次

3 個不休息的循環

- 仰臥舉腿　　　　　　　　p.46
  以較小的活動範圍操作，
  盡可能做到最大反覆次數：
  30～20 下

- 手臂向前伸直的腹捲　　　p.42
  25～20 下

- 仰臥側舉腿　　　　　　　p.47 b
  右腿做 40～25 下，然後再換左腿

進階課表

每週訓練 4 次

4 個不休息的循環

- 坐姿舉腿　　　　　　　　p.50
  30～25 下

- 手臂放肩膀的腹捲　　　　p.42 b
  25～20 下

- 側腹捲　　　　　　　　　p.56
  右側 40～20 下，再換左側

高階課表

每週訓練 5 次

4～5個不休息的循環

- 兩頭腹捲   p.79
  20～15 下
- 坐姿舉腿   p.50
  35～20 下
- 轉體腹捲   p.54
  40～20 下
  右側做完再換左側
- 側腹捲   p.56
  30～15 下
  右側做完再換左側

p.79
p.50
p.54
p.56

減少腰側脂肪訓練

初學者課表

每週至少訓練 3 次

3 個不休息的循環，做 30～25 下

- 轉體腹捲   p.54
  做完右側再換左側
- 滑輪轉體   p.112
  一組向左、一組向右交替

p.54
p.112

進階課表

每週至少訓練 4 次

5 個不休息的循環，做 50～30 下

- **仰臥轉體**　　　　　　　　p.98
  一組向左、一組向右交替
- **滑輪轉體**　　　　　　　　p.112
  一組向左、一組向右交替
- **轉體腹捲**　　　　　　　　p.54
  一組向左、一組向右交替

強化人魚線訓練

初學者課表

每週至少訓練 2 次

- **轉體腹捲**　　　　　　　　p.54
  一開始從小範圍的動作開始做起
  5 組，每組 30～15 下
  做完右側再換左側
  組間不要休息

進階課表

每週至少訓練 3 次

- **轉體腹捲**　　　　　　　　p.54
  一開始從小範圍的動作開始做起
  5 組，每組 30～15 下
  做完右側再換左側
  左右兩組間不要休息
- **滑輪轉體**　　　　　　　　p.112
  一組向左、一組向右交替
  3 組，每組 30～15 下

健康取向訓練課表

心血管健康訓練

初學者課表

每週至少訓練 2 次

每個循環做 5～10 分鐘

● 仰臥舉腿　　　　　　　　　p.46
　　縮小動作範圍，提高最大反覆次數：
　　30～25 下

● 手向前伸直腹捲　　　　　　p.42 a
　　縮小動作範圍，提高最大反覆次數：
　　25～20 下

進階課表

每週至少訓練 3 次

每個循環 15 分鐘

● 手放肩上腹捲　　　　　　　p.42 b
　　25～15 下

● 坐姿抬腿　　　　　　　　　p.50
　　35～20 下

● 側腹捲　　　　　　　　　　p.56
　　一側 30～15 下，做完換另一側

高階課表

每週至少訓練 3 次

每個循環 20 分鐘

● 坐姿舉腿　　　　　　　　　p.50
　　由直腿做到彎腿：35～20 下

● 兩頭腹捲　　　　　　　　　p.79
　　20～15 下

● 轉體腹捲　　　　　　　　　p.54
　　40～20 下
　　一側做完再換另一側

睡前下背放鬆訓練－不使用器材

初學者課表

每晚訓練

- **腹部捲曲**　p.40
  以最小的動作範圍慢慢做，3 組訓練
  直到感覺腹肌疲乏，組間休息 30 秒，
  休息時間可以做下面的仰臥轉體
- **仰臥轉體**　p.98

睡前下背放鬆訓練－使用器材

初學者課表

每晚訓練

- **腹部捲曲**　p.40
  以最小的動作範圍慢慢做，做 2 組訓練
  直到感覺腹肌疲乏，組間休息 30 秒，
  休息時間可以做下面的抗力球放鬆伸展
- **抗力球放鬆伸展**　p.71
- **單槓懸吊放鬆**　p.72
  透過單槓懸吊可放鬆下背 30 秒到
  1 分鐘 (手臂累了可以用腳撐地休息)

進階課表

每晚訓練

- **腹部捲曲**　p.40
  以最小的動作範圍慢慢做，做 2 組訓練
  直到感覺腹肌疲乏，組間休息 1 分鐘。
  休息的前 30 秒做抗力球放鬆伸展，
  後 30 秒做仰臥轉體
- **抗力球放鬆伸展**　p.71
- **仰臥轉體**　p.98
- **單槓懸吊放鬆**　p.72
  透過單槓懸吊放鬆下背 30 秒到 1 分鐘
  (手臂累了可以用腳撐地休息)

保護腰椎訓練

初學者課表

每週至少訓練 3 次

- **腹部捲曲**　　　　　　　　　p.40

  用慢速度小範圍的方式進行：2 組，
  每組 20～15 下，組間休息 30～45 秒。
  休息時間可以做下面的分腿蹲來伸展
  髖屈肌群

- **弓步蹲**　　　　　　　　　　p.68

  每邊大腿伸展至少 15 秒，
  下背不要過度伸展

- **靜態穩定靠牆**　　　　　　　p.58

  4 組，每組至少 10 秒
  組間休息 30 秒
  休息時間可以做下面的
  單槓懸吊放鬆

- **單槓懸吊放鬆**　　　　　　　p.72

  懸吊時伸展下背 15～30 秒

p.40　　p.68

p.58　　p.72

進階課表

每週至少訓練 4 次

- **兩頭腹捲**　　　　　　　　　p.79

  用慢速小範圍的方式進行：3 組，每組
  25～12 下，組間休息 30～45 秒，休息
  時間可以做下面的弓步蹲伸展髖屈肌群

- **弓步蹲**　　　　　　　　　　p.68

  雙腿分別伸展至少 20 秒，避免下背過度
  伸展

- **轉體腹捲**　　　　　　　　　p.54

  用慢速小範圍的方式進行：3 組，每組
  15～12 下，組間休息 30～45 秒，休息
  時間可以做下面的單槓懸吊放鬆

- **單槓懸吊放鬆**　　　　　　　p.72

  懸吊在單槓時，可以手腳交替支撐體重

p.79

p.68

p.54

p.72

改善脹氣和消化問題的訓練

初學者課表

每週至少訓練 4 次

- **兩頭腹捲**　　　　　　　　p.79

  3 組，每組 15～12 下
  組間休息 30～45 秒
  休息時間可以做下面的靜態穩定靠牆

- **靜態穩定靠牆**　　　　　　p.58

  2組，每組至少 10 秒

進階課表

每週至少訓練 5 次

- **仰臥舉腿**　　　　　　　　p.46

  3 組，每組 15～12 下
  組間休息 30～45 秒
  休息時間可以做下面的靜態穩定靠牆

- **靜態穩定靠牆**　　　　　　p.58

  3 組，每組至少 15 秒

- **兩頭腹捲**　　　　　　　　p.79

  3 組，每組 15～12 下
  組間休息 30～45 秒
  休息時間可以做下面的橫隔肌收縮

- **橫膈肌收縮**　　　　　　　p.64

  5 下收縮，每下至少 10 秒

運動專項腹肌訓練課表

運動員訓練的綜合考量

運動員的肌力訓練計畫通常是最為複雜的，因為必須考量到許多個別需求。要達到這個目標，有以下考量：

● 哪些腹肌、核心肌群是運動中最常使用的？

● 這些肌群需要何種肌力性質，是肌力、爆發力或耐力？

這種多方位的需求，需要配合運動員主要的訓練原則來執行。

循環訓練或傳統組數訓練？

應該要用循環式訓練還是傳統組數訓練呢？這是許多運動員最先遇到的問題。

科學研究可以提供一些有趣的結果，有兩組網球初學者進行訓練課程：

● 一組開始練習正手拍，等到完全熟練後再練習反手拍到熟練。這比較類似傳統組數訓練方法。

● 另一組則是正反手拍隨機交替訓練，比較類似循環式訓練。

在訓練結束的時候，兩組球員都做了相同訓練量的正反拍，運動表現測試在訓練後開始連續十天。

在訓練之後立刻進行運動表現測試，會發現傳統訓練方式的球員進步最多，但在十天之後用循環訓練的人會超越傳統訓練的人。

這樣的結果說明以下兩件事：

1. 當你需要快速上手某項運動時，傳統組數訓練相對有效。肌力訓練初入門者在一開始的幾週，也應該採用傳統組數訓練將動作做到正確，尤其是困難的動作本來就不好掌握時更應如此，只有在達到一定的程度與熟練度之後再用循環訓練。

2. 但如果是要讓肌肉的功能性更強時，通常採用循環訓練的效果會比較好。

結論

循環訓練主要是對神經肌肉的聯結有幫助，並不是用於緊實肌肉。如果你訓練腹肌的目標是以外觀為取向，那麼循環訓練的幫助並不大（除了燃脂）。

為了讓腹肌的功能性更好，循環訓練的課表必須能貼近場上所需，讓身體準備好相應的肌力、耐力以及神經系統來應對運動比賽。

轉換效益的現象

當透過肌力訓練來增進表現時，你在健身房所加強的肌力，很明顯會反映到你的運動實力上，這樣的轉換效益在初學者相當顯著，但隨著訓練越久，得到的效益就越少。

要確保得到最有效益的轉換，就要盡可能讓訓練課表符合運動項目的需求，這也就是排定訓練課表首要的考量。

第一階段：肌肉基礎適能

你必須先經過數週的訓練來熟悉第一階段的課表，幫助學習正確使用肌肉的方式，確實掌握後再進行第二階段。

多數運動的基礎體能訓練

每週訓練 2 到 3 次

組間休息 30 秒

● 腹部捲曲　　　　　　　　　　p.40

　3 組，30～20 下

● 仰臥舉腿　　　　　　　　　　p.46

　2 組，20～10 下

● 側腹捲　　　　　　　　　　　p.56

　2 組，15～8 下
　左右兩組間不休息

p.40

p.46

p.56

第二階段：循環訓練

在第一階段至少訓練 2 週後，可以開始嘗試循環訓練。

多數運動的基礎循環訓練

每週訓練 2 到 3 次

2～3 個不休息的循環，次數則依以下區分：

● 肌力型運動：25～8 下
● 耐力型運動：50～25 下

● 兩頭腹捲　　　　　　　　　　p.79
● 坐姿舉腿　　　　　　　　　　p.50
● 仰臥轉體　　　　　　　　　　p.98

p.79

p.50

p.98

第三階段：全面提升身體素質

強化軀幹旋轉能力訓練

有許多運動都包含由軀幹旋轉啟動的動作，比方說高爾夫球擊球的力量，取決於上桿與下桿時軀幹旋轉的能力；拳擊出拳之前要先將軀幹向後旋轉儲存力量等等。

所以提高軀幹旋轉的肌力對運動員相當重要，可以幫助你：

● 增加爆發力
● 增加肌耐力
● 預防可能發生在這些部位的運動傷害

增加軀幹旋轉能力的基礎訓練

每週訓練 2 到 3 次

2～4 個不休息的循環，做50～25 下

將下面兩個動作做循環組合

- 轉體腹捲　　　　　　　　　　p.54
- 滑輪轉體　　　　　　　　　　p.112

p.54

p.112

進階強化軀幹旋轉能力訓練

每週訓練 4 次

3～6 個循環，做 40～15 下

- 懸吊側舉腿　　　　　　　　　p.96
- 滑輪轉體　　　　　　　　　　p.112
- 轉體腹捲　　　　　　　　　　p.54

p.112

p.96

p.54

呼吸肌群基礎訓練

3 個不休息的循環

- 仰臥舉腿　　　　　　　　　　p.46
  20～12 下
  組間休息 45 秒
  休息時間可以做下面的橫膈肌收縮

- 橫膈肌收縮　　　　　　　　　p.64
  30～20 下

- 腹部捲曲　　　　　　　　　　p.40
  3 組，每組 15～12 下
  組間休息 30～45 秒
  休息時間可以做下面的仰臥負重胸腔
  擴張運動

- 仰臥負重胸腔擴張運動　　　　p.63
  30～20 下

p.46

p.64

p.40

p.63

呼吸肌群進階訓練

5 個不休息的循環

- 坐姿舉腿　　　　　　　　　　p.50

  15～20 下
  組間休息 30 秒
  休息時間可以做橫膈肌收縮

- 橫膈肌收縮　　　　　　　　　p.64

  40～30 下

- 兩頭腹捲　　　　　　　　　　p.79

  15～12 下
  組間休息 30 秒
  休息時間可以做仰臥負重胸腔擴張運動

- 仰臥負重胸腔擴張運動　　　　p.63

  50～30 下

第四階段：運動專項訓練

在經過一到兩個月的基本訓練後，可以開始將訓練搭配上更多運動專項的需求。事實上許多運動，都是以個別不同的方式運用腹肌。以下課表是參考的範本，你也可依照自己的需求替換其中的動作，使之更符合自己的專項需要。我們歸納了以下 20 多種常見運動專項的19 個課表，幫助你更快找到適合自己的訓練方式。

足球

▶ 目的在於強化軀幹旋轉肌群和髖屈肌群，同時保護下背

每週訓練 2 到 3 次

2～5 個循環，做 50～20 下

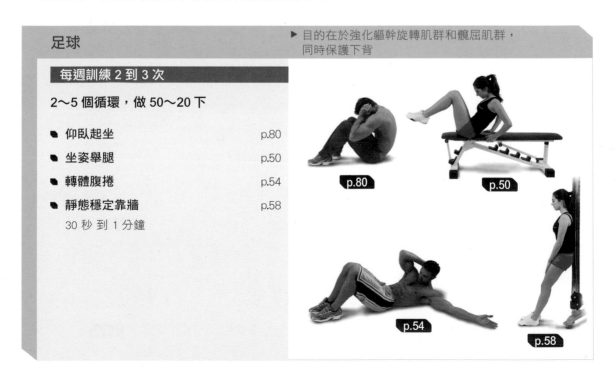

- 仰臥起坐　　　　　　　　　　p.80
- 坐姿舉腿　　　　　　　　　　p.50
- 轉體腹捲　　　　　　　　　　p.54
- 靜態穩定靠牆　　　　　　　　p.58

  30 秒 到 1 分鐘

138

自行車・賽道自行車　　▶ 目的在於強化屈髖肌群同時保護下背

每週訓練 2 到 4 次

3～5 個循環，做 12～8 下

- 仰臥起坐 p.80
- 靜態穩定靠牆 p.58
  30 秒到 1 分鐘
- 坐姿舉腿 p.50
- 棒式 p.60
  20 秒到 1 分鐘

自行車・公路自行車　　▶ 目的在於強化髖屈肌群以及呼吸肌群，同時保護下背

每週訓練 1 到 3 次

2～4 個循環，做 50～30 下

- 仰臥起坐 p.80
- 仰臥負重胸腔擴張運動 p.63
- 坐姿舉腿 p.50
- 棒式 p.60
  20 秒到 1 分鐘

拍類運動

▶ 目的在於強化軀幹旋轉肌群以及屈髖肌群

每週訓練 1 到 2 次

2～4 個循環，做 50～12 下

- 仰臥起坐　　　　　　　p.80
- 滑輪轉體　　　　　　　p.112
- 側腹捲　　　　　　　　p.56
- 轉體腹捲　　　　　　　p.54

橄欖球、美式足球與團隊碰撞運動

▶ 目的在於強化軀幹旋轉肌群以及髖屈肌群，
同時增加腹部肌力

每週訓練 2 到 3 次

2～5 個循環，做 30～8 下

- 坐姿舉腿　　　　　　　p.50
- 棒式　　　　　　　　　p.60
  　20 秒到 1 分鐘
- 仰臥起坐　　　　　　　p.80
- 滑輪轉體　　　　　　　p.112

籃球、排球、手球

▶ 目的在於強化軀幹旋轉肌群、上腹肌以及
髖屈肌群，同時增加腹部肌力

每週訓練 2 到 3 次

2～4 個循環，做 30～8 下

- 仰臥起坐配藥球丟擲　　p.84
- 滑輪轉體　　　　　　　p.112
- 轉體腹捲　　　　　　　p.54

跳台滑雪　　　▶ 目的在於強化腹部肌力，同時保護背部

每週訓練 2 到 3 次

4～6個循環

● 棒式　　　　　　　p.60
　20 秒到 1 分鐘

● 腹部捲曲　　　　　p.40
　30～12 下

● 靜態穩定靠牆　　　p.58
　30 秒到 1 分鐘

越野滑雪　　　▶ 目的在於強化髖屈肌群以及呼吸肌群

每週訓練 2 次

2～4 個循環

● 仰臥起坐　　　　　　　　p.80
　30～20 下

● 仰臥負重胸腔擴張運動　　p.63
　100～30 下

● 棒式　　　　　　　　　　p.60
　20 秒到 1 分鐘

● 橫膈肌收縮　　　　　　　p.64
　100～30 下

技擊運動　　　▶ 目的在於強化軀幹旋轉肌群以及髖屈肌群，同時增加腹部肌力

每週訓練 2 到 3 次

4～6 個循環，做 30～8 下

● 懸吊舉腿　　　　　　　　p.90

● 側棒式　　　　　　　　　p.60
　15 秒到 1 分鐘

● 仰臥起坐配藥球丟擲　　　p.84

● 滑輪轉體　　　　　　　　p.112

● 轉體腹捲　　　　　　　　p.54

田徑・衝刺與跳躍　▶ 目的在於強化髖屈肌群以及腹內外斜肌肌力

每週訓練 2 到 3 次

- **懸吊舉腿**　p.90
  4～6 組，做 8～1 下 (以最大負荷)
- **轉體腹捲**　p.54
  4～6組，做 12～8 下 (以最大負荷)
- **仰臥起坐**　p.80
  2 組，做 10～8 下 (以最大負荷)

p.54

p.90

p.80

田徑・耐力跑　▶ 目的在於強化髖屈肌群以及呼吸肌群

每週訓練 1 到 3 次

2～5 個循環
- 比賽時間少於 5 分鐘的做 40～20 下
- 比賽時間多於 5 分鐘的做 100～50 下

- **仰臥起坐**　p.80
- **仰臥負重胸腔擴張運動**　p.63
- **坐姿舉腿**　p.50
- **橫膈肌收縮**　p.64

p.80

p.63

p.50

p.64

田徑・擲部　▶ 目的在於強化軀幹旋轉肌群

每週訓練 3 次

● **轉體腹捲**　p.54
　4～6 組，做 8～1 下 (以最大負荷)
● **側腹捲**　p.56
　3～5 組，做 8～1 下 (以最大負荷)
● **抗力球腹捲**　p.104
　2 組，做 10～8 下 (以最大負荷)
● **滑輪轉體**　p.112
　2 組，做 30～20 下

游泳　▶ 目的在於強化軀幹旋轉肌群以及呼吸肌群

每週訓練 2 到 4 次

4～6 個循環，做 75～25 下

● **抗力球腹捲**　p.104
● **仰臥轉體**　p.98
● **抗力球轉體腹捲**　p.105
● **滑輪轉體**　p.112

高爾夫　▶ 目的在於強化軀幹旋轉肌群以及保護背部

每週訓練 1 到 2 次

2～3 個循環，做 20～8 下

● **滑輪轉體**　p.112
● **轉體腹捲**　p.54
● **腹部捲曲**　p.40

冰上運動・溜冰、曲棍球

▶ 目的在於強化軀幹旋轉肌群以及髖屈肌群

每週訓練 2 到 3 次

2～5 個循環，做 40～10 下

- 轉體腹捲　　　　　　　　　p.54
- 仰臥起坐　　　　　　　　　p.80
- 滑輪轉體　　　　　　　　　p.112

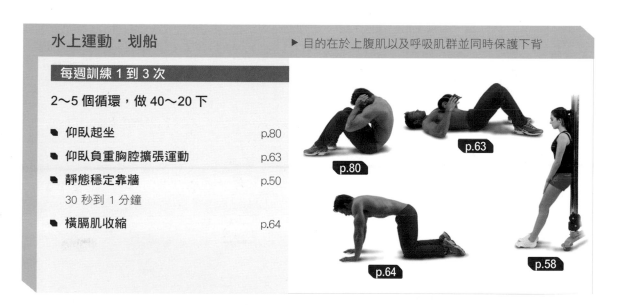

水上運動・划船

▶ 目的在於上腹肌以及呼吸肌群並同時保護下背

每週訓練 1 到 3 次

2～5 個循環，做 40～20 下

- 仰臥起坐　　　　　　　　　p.80
- 仰臥負重胸腔擴張運動　　　p.63
- 靜態穩定靠牆　　　　　　　p.50
  30 秒到 1 分鐘
- 橫膈肌收縮　　　　　　　　p.64

水上運動・獨木舟、風帆

▶ 目的在於腹內外斜肌以及上腹肌

每週訓練 2 到 3 次

3～5 個循環，做 50～35 下

- 轉體腹捲　　　　　　　　　p.54
- 滑輪轉體　　　　　　　　　p.112
- 腹部捲曲　　　　　　　　　p.40

攀岩

▶ 目的在於強化下腹肌、髖屈肌與腹內外斜肌

每週訓練 2 到 3 次

4～6 個循環，做 50～12 下

- 懸吊舉腿   p.90
- 轉體腹捲   p.54
- 仰臥起坐   p.80
- 棒式   p.60
  20 秒到 1 分鐘

p.54

p.80

p.90

p.60

賽車運動

▶ 目的在於強化腹肌，保護脊椎

每週訓練 1 到 2 次

4～5 個循環

- 棒式   p.60
  20 秒到 1 分鐘
- 靜態穩定靠牆   p.58
  30 秒到 1 分鐘
- 側棒式   p.60
  每側 10～20 秒
- 靜態穩定靠牆   p.58
  30 秒到 1 分鐘

p.60

p.63

p.58